Não Me Faça Pensar – Atualizado

UMA ABORDAGEM DE BOM SENSO À USABILIDADE WEB *e Mobile*

STEVE KRUG

ALTA BOOKS
EDITORA
Rio de Janeiro, 2014

Erratas: No site da editora relatamos, com a devida correção, qualquer erro encontrado em nossos livros bem como disponibilizamos arquivos de apoio se aplicável ao livro. Acesse o site www.altabooks.com.br e procure pelo título do livro desejado para ter acesso as erratas e/ou arquivos de apoio.

Impresso no Brasil — 1ª Edição, 2014

Produção Editorial
Editora Alta Books

Gerência Editorial
Anderson Vieira

Editoria de Atualização
Marcelo Vieira

Supervisão Gráfica
Angel Cabeza

Supervisão de Qualidade Editorial
Sergio Luiz de Souza

Supervisão de Texto
Jaciara Lima

Design Editorial
Aurélio Corrêa
Auleriano Messias

Captação e Contratação de Obras Nacionais
Cristiane Santos
Marco Pace
J. A. Rugeri

autoria@altabooks.com.br

Marketing e Promoção
marketing@altabooks.com.br

Vendas Atacado e Varejo
comercial@altabooks.com.br

Ouvidoria
ouvidoria@altabooks.com.br

Equipe Editorial
Claudia Braga
Letícia Vitória
Livia Brazil
Milena Lepsch
Milena Souza
Natália Gonçalves
Rodrigo Araujo
Thiê Alves

Tradução
Daniel Croce

Copidesque
Tássia Carvalho

Revisão Gramatical
Marcelo Vieira

Diagramação
Diniz Gomes

Dados Internacionais de Catalogação na Publicação (CIP)

K94n Krug, Steve.
Não me faça pensar : atualizado : uma abordagem de bom senso à usabilidade web e mobile / Steve Krug. – Rio de Janeiro, RJ : Alta Books, 2014.
212 p. : il. ; 24 cm.

Inclui material on-line.
Modo de acesso: <www.altabooks.com.br>
Inclui índice.
Tradução de: Don't make me think revisited.
ISBN 978-85-7608-850-9

1. Sites da Web - Desenvolvimento. 2. Sites da Web - Projetos. 3. Usabilidade. I. Título.

CDU 004.738.5
CDD 006.7

Índice para catálogo sistemático:
1. Sites da Web : Desenvolvimento 004.738.5

(Bibliotecária responsável: Sabrina Leal Araujo – CRB 10/1507)

ALTA BOOKS
EDITORA

Rua Viúva Cláudio, 291 – Bairro Industrial do Jacaré
CEP: 20970-031 – Rio de Janeiro – Tels.: (21) 3278-8069/8419
www.altabooks.com.br – e-mail: altabooks@altabooks.com.br
www.facebook.com/altabooks – www.twitter.com/alta_books

Primeira Edição

Ao meu pai, que sempre quis que eu escrevesse um livro,

Minha mãe, que sempre me fez acreditar que eu conseguiria,

Melanie, que casou comigo — o maior golpe de sorte da minha vida,

e meu filho, Harry, que, com certeza, escreverá livros muito melhores do que este sempre que quiser.

Segunda Edição

Ao meu irmão mais velho, Phil, que foi um mensch por toda sua vida.

Terceira Edição

A todas as pessoas — dos quatro cantos do mundo — que mantiveram o interesse neste livro por 14 anos. As suas palavras — pessoalmente, por e-mail ou por meio de comentários em blogs — têm sido uma das grandes alegrias da minha vida.

Especialmente a mulher que disse que o livro a fez rir a ponto de sair leite do seu nariz.

CONTEÚDO

ASSEGURANDO-SE DE QUE FEZ O CERTO

PRINCIPAIS PREOCUPAÇÕES E INFLUÊNCIAS EXTERNAS

Sobre esta edição

As pessoas vêm e vão tão rápido por aqui!

—DOROTHY GALE (JUDY GARLAND)
EM *O MÁGICO DE OZ* (1939)

Escrevi a primeira edição de *Não Me Faça Pensar* nos idos de 2000.

Já em 2002, comecei a receber alguns e-mails de leitores perguntando (muito educadamente) se eu pensava em atualizá-lo, sem, entretanto, queixarem-se, apenas sendo prestativos. "Muitos dos exemplos estão ultrapassados" era o comentário de praxe.

Minha resposta padrão consistia em frisar que muitos dos sites usados como exemplo já estavam fora do ar quando o livro foi publicado. Mas eu não pensava que isso tornaria os exemplos menos claros.

Finalmente, em 2006, tive um forte incentivo pessoal para atualizá-lo[1]. Mas, conforme eu o relia para ver o que precisava ser mudado, pensava: "Tudo isso aqui ainda é verdadeiro". Eu realmente não fui capaz de encontrar muita coisa a ser modificada.

Se era uma nova edição, deveria ter *algo* diferente. Então, adicionei três capítulos que não havia concluído a tempo para a edição de 2000, apertei o botão do despertador e felizmente garanti meu sustento por mais sete anos.

2002 2008

(Escrever é realmente difícil para mim, e me alegra quando há razões para não fazê-lo. Dê-me um bom e velho tratamento de canal no decorrer de uma escrita qualquer dia desses.)

Por que, então, uma nova edição agora? Dois motivos.

[1] *Metade dos royalties do livro ia para uma companhia que não existia mais e fazer uma nova edição significava um novo contrato — e o dobro dos royalties — para mim.*

Nº 1. Sejamos realistas: Está velho

Não resta dúvida quanto a isso: ele soa datado. Afinal de contas, já tem mais de 13 anos de idade, o equivalente a um século no Internet Time. (Vê? Ninguém mais fala sobre "Internet Time".)

A maioria dos sites que usei como exemplos, como o do Senador Orrin Hatch para as eleições de 2000, parece bem antiquada.

www.orrinhatch.com (1999)

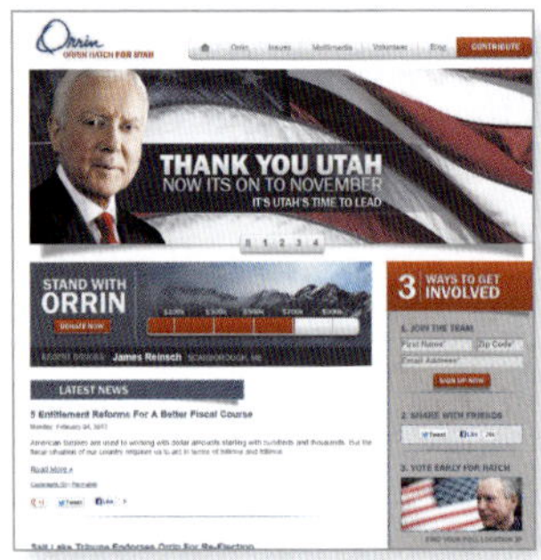

www.orrinhatch.com (2012)

Sites hoje em dia tendem a apresentar uma aparência muito mais sofisticada, como você pode supor.

Recentemente, comecei a me preocupar com o fato de que o livro talvez tivesse chegado a ponto de soar *tão* antigo que pararia de ser eficaz. Eu sabia que isso não acontecera ainda porque

- Ele continua vendendo bem (graças a Deus), e as vendas não aparentam qualquer declínio. Inclusive, tornou-se leitura obrigatória em vários cursos, algo que eu não esperava.
- Novos leitores de todo o mundo ainda "tuítam" sobre coisas aprendidas no livro.

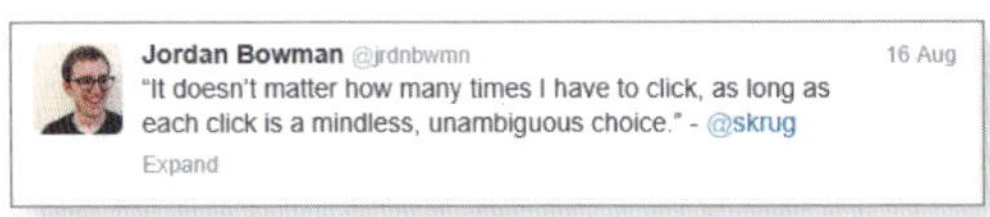

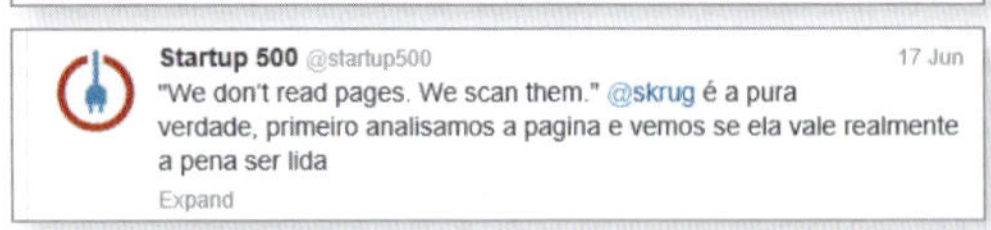

- Eu ainda ouço histórias do tipo: "Dei uma cópia do seu livro para o meu chefe na esperança de ele finalmente entender do que eu estava falando. Ele leu, e depois presenteou cada membro da equipe / do departamento / da empresa com um exemplar!" (Eu amo essa história.)

- As pessoas ainda me procuram para dizer que conseguiram empregos ou deram uma guinada na carreira em parte por terem lido o livro e sido influenciadas por ele. [2]

Mas estou ciente de que o fator idade repele alguns leitores, do mesmo modo que encontrei dificuldades em fazer o meu filho assistir filmes em preto e branco quando era jovem, independente de o quão bom fossem.

Evidentemente, novos exemplos precisam ser dados.

Nº 2. O mundo não é mais o mesmo

Dizer que os computadores e a Internet que usávamos mudaram bastante é dizer o mínimo. Bem no mínimo.

A paisagem mudou de três maneiras:

- **A tecnologia fez uso de esteroides.** Em 2000, nós acessávamos a Internet em telas gigantes, com um mouse ou touchpad e um teclado. E nós nos sentávamos a uma mesa, quando o fazíamos.

  Agora, usamos computadores que cabem no bolso e estão conosco o tempo todo, além de possuírem câmeras, mapas que indicam exatamente onde

---

[2] *Eu sinto enorme orgulho e satisfação, mas tenho que admitir que parte de mim acaba pensando "Eu espero que ela não tenha deixado de ser médica por isso. O que foi que eu fiz?"*

nós estamos, uma infinidade de livros e discos para ler e ouvir. E estamos sempre conectados à Internet. Ah, e eles também são celulares.

Só de curtição, posso usar o meu "celular" para

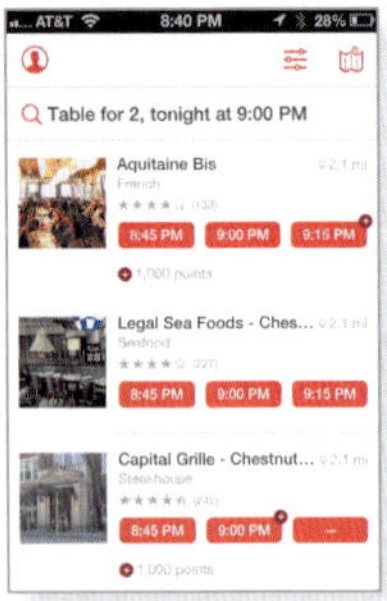

...fazer uma reserva num restaurante em questão de segundos;

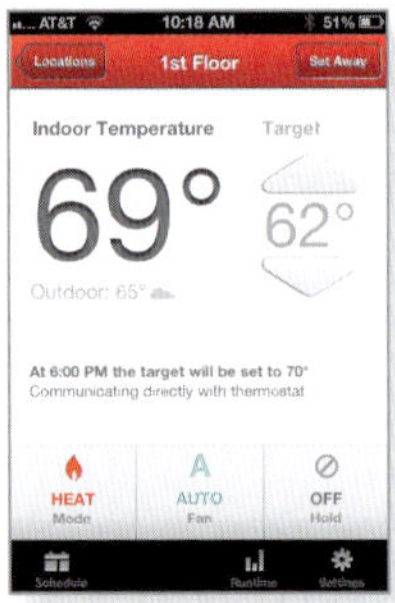

...acertar a temperatura do aquecedor doméstico;

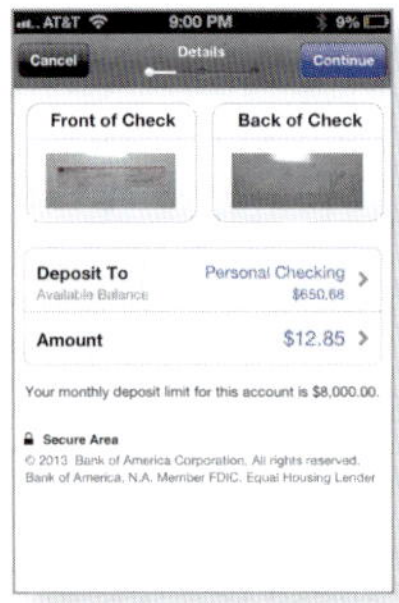

...fazer um depósito sem ter de ir ao caixa eletrônico.

Não é um carro voador, mas é impressionante.

- **A web em si seguiu se aprimorando.** Mesmo quando estou em meu desktop para fazer algo que sempre fiz na web (compras, planos de viagem, bate-papo, ler notícias e apostas), os sites tendem a se tornar melhores e mais funcionais que seus predecessores.

  Diante de coisas como sugestões de pesquisa e corretor ortográfico, a gente ainda se aborrece por não poder pagar o estacionamento ou renovar a carteira de habilitação online.

  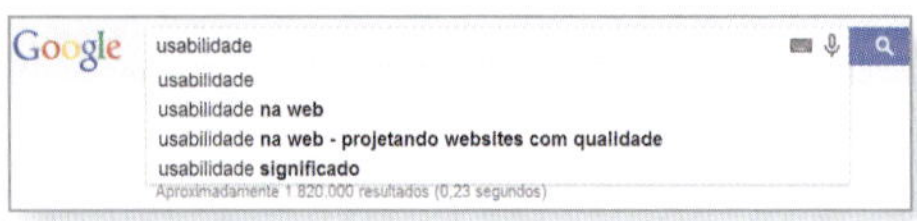

- **Usabilidade popularizou-se.** Em 2000, eram poucos os que entendiam a importância da usabilidade.

  Agora, graças em grande parte a Steve Jobs (e Jonathan Ive), quase todo mundo entende que é importante, mesmo que não saibam ainda do que se trata direito. Exceto pelo fato de agora eles se chamarem de User Experience Design (UXD ou simplesmente UX), jargão usado para qualquer atividade ou profissão que contribua para uma melhor experiência ao usuário.

> É ótimo que hoje em dia exista tanta ênfase no design pensando no usuário, mas todas as descrições de trabalho, subespecialidades e ferramentas que essa evolução trouxe consigo deixaram as pessoas confusas a respeito de o que elas devem, de fato, *fazer*.

Abordarei essas três mudanças no decorrer do livro.

Não me entenda mal...

Esta edição possui novos exemplos, alguns novos princípios teóricos e certas coisas que aprendi pelo caminho, mas ainda é o mesmo livro, com o mesmo propósito: continua um livro sobre criar sites de qualidade e utilizáveis.

É também um livro sobre criar qualquer coisa com que as pessoas precisem interagir, seja um micro-ondas, um aplicativo mobile ou um caixa eletrônico.

Os princípios básicos são os mesmos, ainda que a paisagem tenha mudado, porque usabilidade tem a ver com pessoas e com como elas entendem e utilizam as coisas, e não com tecnologia. E enquanto a tecnologia muda com rapidez, as pessoas mudam lentamente.[3]

Ou como já dizia Jakob Nielsen:

> A capacidade do cérebro humano não alterna de um ano para o outro, logo, os insights do estudo do comportamento humano têm uma longa vida útil. O que era difícil para os usuários de 20 anos atrás continua sendo difícil hoje em dia.

Espero que você aproveite esta nova edição. Não se esqueça de acenar para mim daqui a uns anos quando cruzarmos enquanto você pilota seu carro voador.

STEVE KRUG
NOVEMBRO DE 2013

[3] *Há um vídeo norueguês (com legendas em português) incrível sobre isso que mostra um monge pedindo ajuda enquanto se esforça para usar um "livro." (Procure por "medieval helpdesk" no YouTube.)*

Leia-me antes de mais nada

ATENÇÃO AO TERMO DE ISENÇÃO DE RESPONSABILIDADE

"Eu não posso lhe dizer nada que você já não saiba. Mas eu gostaria de deixar algumas coisas mais claras."

—JOE FERRARA, AMIGO DOS TEMPOS DE COLEGIAL

Eu tenho um bom emprego. Eu sou consultor de usabilidade. Aqui está o que eu faço:

- Pessoas ("clientes") me enviam algo no qual estejam trabalhando.

  Pode ser um design para um novo site que estejam construindo ou a URL de um site que estejam redesenhando ou, ainda, um protótipo de aplicativo.

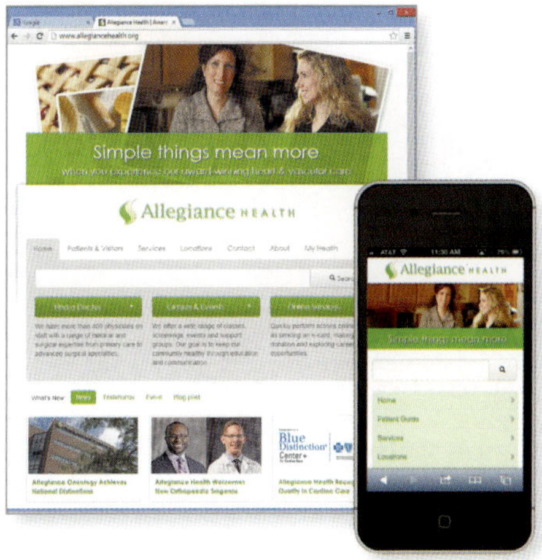

- Eu tento usar o que eles me enviam, realizando coisas que seus usuários precisariam ou gostariam de fazer com aquilo.

  Eu anoto onde as pessoas provavelmente empacarão e aquilo que eu acho que irá *confundi-las* (um "review de experiência do usuário").

- Tenho um encontro com a equipe do cliente com o intuito de descrever os problemas encontrados que provavelmente prejudicarão o usuário ("problemas de usabilidade") e os ajudo a decidir quais os mais importantes para consertar e como consertá-los de maneira efetiva.

Às vezes trabalhamos por telefone...

...às vezes pessoalmente

Eu costumava escrever o que chamava de "grande relatório buzinante" detalhando minhas descobertas, mas finalmente concluí que não valiam a pena o esforço e o tempo gastos. Uma apresentação presencial permite às pessoas me perguntarem e contra-argumentarem — coisas que um relatório por escrito não permite. E, para equipes de desenvolvimento Agile ou Lean, de qualquer modo, não há tempo para relatórios escritos.

- Eles me pagam.

Como um consultor, eu trabalho em projetos interessantes com muitas pessoas legais e inteligentes. Trabalho em casa a maior parte do tempo e não preciso comparecer a reuniões todos os dias ou lidar com políticas de escritório. Digo o que preciso dizer, e as pessoas geralmente agradecem. E eu sou bem pago por isso.

Mas, acima de tudo, eu obtenho uma satisfação profissional enorme, pois, quando terminamos, aquilo que estão construindo sempre se tornará algo melhor do que era quando começamos.[1]

---

[1] Quase *sempre. Mesmo quando os problemas de usabilidade são identificados, nem sempre podem ser resolvidos por completo, conforme explico no Capítulo 9.*

As más notícias: você provavelmente não tem um profissional de usabilidade

Quase toda equipe de desenvolvimento podia usar alguém como eu para ajudar a construir usabilidade em seus produtos. Infelizmente, a grande maioria não pode pagar por um profissional de usabilidade.

E, mesmo se pudessem, não há muitos à disposição no mercado. Faça as contas: existem zilhões de sites no mundo (e bilhões de aplicativos exclusivos para iPhone[2]) e cerca de 10 mil consultores de usabilidade em todo o mundo.

E, mesmo que você tenha um profissional na sua equipe, ele não poderá verificar tudo que a equipe produzir.

Nos últimos anos, deixar tudo mais utilizável tornou-se responsabilidade de todos. Designers e desenvolvedores volta e meia se encontram fazendo coisas como design interativo (decidindo o que acontece quando o usuário clica, aponta ou faz o scroll) e arquitetura da informação (descobrindo como tudo deve ser organizado).

Escrevi este livro sobretudo para pessoas que não podem contratar (ou mesmo pagar por) alguém como eu.

Saber o básico de usabilidade o ajudará a identificar os problemas por conta própria — e o ajudará a manter isso em vista prioritariamente.

Irrefutável: se puder pagar, contrate alguém como eu. Mas, se não puder, espero que este livro permita a você fazer o serviço por conta própria (no meio da correria do seu dia a dia).

---

2 *Eu não sei exatamente por que a Apple age assim. Ter milhares de bons aplicativos à disposição para uma plataforma é algo bom demais. Ter milhares de aplicativos medíocres significa que será bem difícil encontrar os bons.*

As boas notícias: não é nada complicado

Felizmente, muito do que eu faço é apenas bom senso, e qualquer um interessado pode aprender isso.

Como muito daquilo relacionado ao bom senso, não é necessariamente óbvio até que alguém mostre a você.

Eu passo muito do meu tempo dizendo às pessoas coisas que elas já sabem, então, não se sinta surpreso se se flagrar pensando "Eu sabia isso" em diversas páginas à frente.

É um livro curto

Mais boas notícias: trabalhei duro para manter este livro curto — esperançosamente curto o bastante para que você possa lê-lo durante uma viagem de avião. Fiz isso por duas razões:

- **Se é curto, tem maiores chances de ser usado.**[3] Escrevo para as pessoas que estão nas fossas — os designers, desenvolvedores, produtores do site, gerentes de projeto, pessoal do marketing e aqueles que assinam os cheques — e para todas as bandas de um homem só que fazem tudo por conta própria.

  Usabilidade não é o trabalho da sua vida, e você não tem tempo para um livro longo.

[3] *Há um bom princípio de usabilidade aqui: se algo requer muito investimento de tempo — ou aparenta requerer —, menos provável que será utilizado.*

- **Você não precisa saber tudo.** Como em qualquer campo, há muito a se aprender sobre usabilidade. Mas, a menos que você seja um profissional de usabilidade, há um limite de o quanto é realmente *útil* para que você aprenda.[4]

As contribuições de maior valor que faço a cada projeto sempre vêm dos princípios-chave de usabilidade. Penso que é muito mais importante as pessoas aprenderem esses princípios do que decorar listas de o que fazer e o que não fazer. Tentei enxugar ao máximo algumas informações e penso que todo mundo envolvido com design deveria saber usabilidade.

Ausentes no momento da foto

Para que você não perca o seu tempo procurando, aqui estão algumas coisas que você não encontrará neste livro:

- **Regras avançadas de usabilidade.** Eu trabalho com isso há tempo o bastante para saber que não há uma resposta certa para a maioria das questões de usabilidade. Design é um processo complicado e a real resposta para a maioria das perguntas que as pessoas fazem é "Depende." Mas eu realmente penso que há alguns princípios-guia que devem ser mantidos em mente e são eles que eu tento abordar aqui.
- **Previsões a respeito do futuro da tecnologia e da web.** Honestamente, tenho tantas dúvidas quanto você. A única certeza que tenho é a de que (a) a maioria das previsões que ouço certamente estão erradas e (b) as coisas que se tornarão de fato importantes aparecerão do nada, ainda que à primeira vista possam parecer perfeitamente óbvias.

---

4 *Eu sempre gostei da passagem em* Um Estudo em Vermelho, *na qual o Dr. Watson fica estarrecido ao saber que Sherlock Holmes desconhecia o fato de que a Terra gira em torno do sol. Dada a capacidade limitada do cérebro humano, Holmes explica que é da maior importância, portanto, evitar que informações inúteis ocupem o lugar daquelas que têm utilidade:*

> *"O que isso tem a ver comigo? Você disse que giramos ao redor do Sol. Se girássemos em torno da Lua, não faria a menor diferença para mim e para meu trabalho."*

- **Difamação de sites e aplicativos ruins.** Se você gosta de rir à custa de falhas óbvias, está lendo o livro errado. Desenhar, construir e manter um grande site ou aplicativo não é fácil. É como jogar golfe: algumas maneiras de levar a bola ao buraco, um milhão de maneiras de não levar. Qualquer um que acerte uma questão pela metade tem o meu respeito.

  O resultado: você verá que os exemplos utilizados são de excelentes produtos com falhas mínimas. Creio que você pode aprender mais vendo bons designs do que designs ruins.

Agora com Mobile!

Um dos dilemas que enfrentei ao atualizar este livro foi o fato de ele sempre ter sido sobre desenhar sites utilizáveis. Mesmo que os princípios sirvam para o design de qualquer coisa com a qual as pessoas terão de interagir (coisas como urnas eletrônicas, ou mesmo apresentações PowerPoint), esta obra foca claramente em web design e todos os exemplos vêm de sites. Até recentemente, era onde a maioria das pessoas trabalhava.

Agora, entretanto, há muitas pessoas desenhando aplicativos mobile, e mesmo aquelas que trabalham em sites têm de pensar em versões que funcionem em dispositivos móveis. Eu sei que há um grande interesse em como tudo isso se aplica a elas.

Então, realizei três coisas:

- Incluí exemplos mobile sempre que fizesse sentido;
- Adicionei um novo capítulo sobre algumas especificidades do formato;
- E o mais importante: adicionei "Mobile" ao subtítulo do livro.

E, como você verá, em alguns lugares, deixei claro, escrevendo, em vez de "site", "site ou aplicativo". Na maioria dos casos, porém, usei a palavra web.

Uma última coisa, antes de começarmos

Algo, de fato, crucial: minha definição de usabilidade.

Você encontrará várias definições de usabilidade, muitas vezes fragmentadas em atributos como:

- **Proveitosa:** faz algo que as pessoas precisam que seja feito?
- **Pode ser aprendido:** as pessoas podem aprender a usá-lo?
- **Memoráveis:** elas terão de aprender cada vez que o usarem?
- **Efetivo:** consegue realizar a tarefa?
- **Eficiente:** compensa o esforço e o tempo gastos?
- **Desejável:** as pessoas o desejam?

e recentemente até

- **Prazeroso:** usá-lo é prazeroso ou, ainda, divertido?

Falarei sobre isso mais tarde. Mas, para mim, a parte importante da definição é bem simples. Se algo é usável — seja um site, um controle remoto ou uma porta giratória —, significa que

> Uma pessoa na média (ou mesmo abaixo dela) será capaz de descobrir como usá-la para desempenhar algo sem obter ônus maiores que os bônus.

Confie em mim: é realmente bem simples.

Espero que este livro o ajude a construir produtos melhores — se permitir a você pular alguns dos argumentos intermináveis sobre design — e a chegar em casa a tempo de jantar de vez em quando.

capítulo

1

Não me faça pensar!

A PRIMEIRA LEI DE KRUG SOBRE USABILIDADE

Michael, por que as cortinas estão abertas?

—KAY CORLEONE EM *O PODEROSO CHEFÃO: PARTE II*

As pessoas frequentemente me perguntam:

> "Qual a coisa mais importante que eu devo fazer se quiser me assegurar de que meu site ou aplicativo é fácil de usar?"

A resposta é simples. Não é "Nada que seja importante deve estar a mais de dois cliques de distância" ou "Fale a língua do usuário" ou ainda "Seja consistente".

A resposta é...

"Não me faça pensar!"

Até onde vai minha lembrança, tenho dito às pessoas que esta é a minha primeira lei de usabilidade.

Esta é a pedra angular — o critério de desempate que decide se algo funciona ou não. Se você tiver espaço na cabeça para apenas uma regra de usabilidade, grave-a.

Isso significa, por exemplo, que, quando examino uma página web, ela deve ser evidente por si só, autoexplicativa, tanto quanto humanamente possível.

Eu devo ser capaz de "entendê-la" — o que é e como usá-la — sem ter de me esforçar para isso.

Do quão evidente estamos falando?

Bem, evidente o suficiente para o seu vizinho, que não possui interesse no assunto do seu site e mal sabe usar o botão Voltar, olhar a página inicial do seu site e dizer "Ah, é um __". (Com um pouco de sorte, ele dirá "Ah, é um __. interessante". Mas isso já é outra história.)

Pense desta maneira:

Quando estou diante de uma página que não me faz pensar, tudo o que vem à minha cabeça são coisas como "OK, ali está o __, isto é um __ e lá se encontra o que quero".

SEM PENSAR

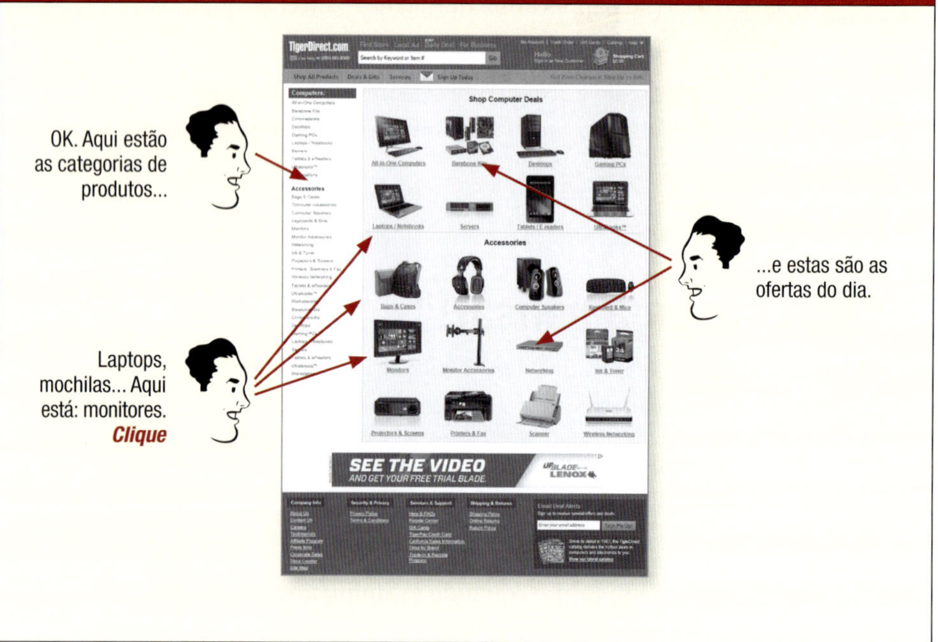

Porém, quando estou diante de uma página que me obriga a pensar, tudo vem em forma de perguntas.

PENSANDO

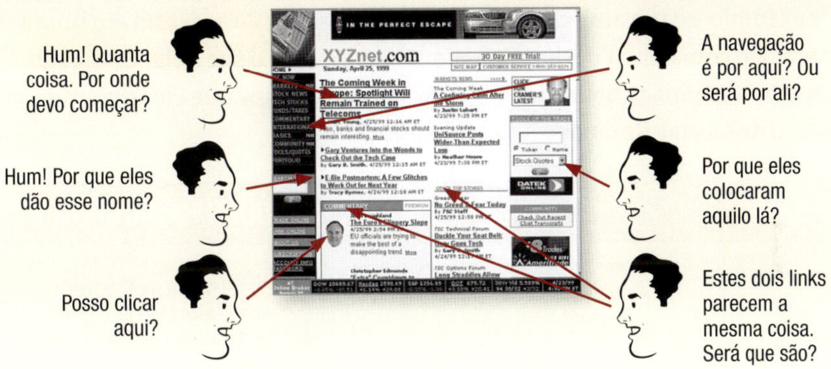

Quando você cria um site, faz parte do trabalho livrar-se dessas perguntas.

Coisas que nos fazem pensar

Tudo em uma página web pode nos fazer parar e pensar sem necessidade. Nomes, por exemplo. Nomes engraçadinhos, dados por motivos de marketing, especificidades da empresa ou jargões com os quais não estamos familiarizados, são os típicos causadores de problemas.

Por exemplo, se um amigo me diz que a empresa XYZ Corp está em busca de alguém com o meu perfil profissional, eu vou até o site dela. Enquanto percorro a página procurando algo para clicar, o nome que eles deram para a seção de ofertas de empregos faz diferença.

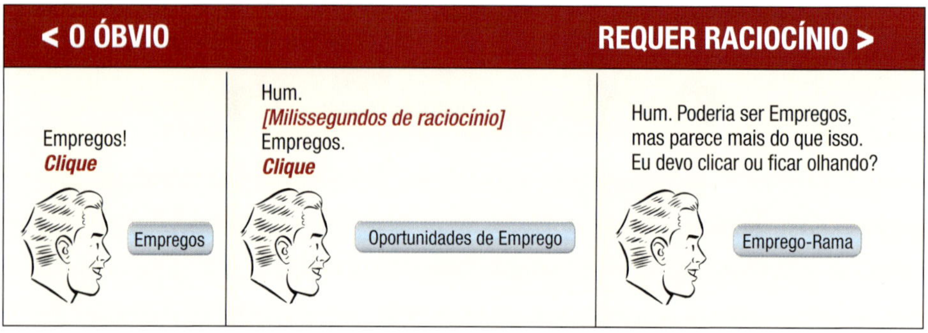

Observe que essas informações ficam sempre em algum lugar entre “Óbvio para todos” e “Muito obscuro”, e há sempre vantagens e desvantagens.

Por exemplo, “Empregos” pode soar muito indigno para a XYX Corp, ou então eles talvez estejam presos a “Emprego-Rama” devido a alguma política interna complicada ou, ainda, porque essa é a forma pela qual eles sempre foram chamados nos boletins informativos da empresa[1]. Minha questão principal é que as vantagens e desvantagens devem normalmente levar mais para a direção do “Óbvio”.

---

[1] *Quase sempre existe um fundamento lógico plausível — e uma boa, se equivocada, intenção — por trás de todo erro de usabilidade*

Outros geradores de dúvidas são links e botões que não sejam óbvios. Como usuário, nunca devo gastar um milissegundo que seja pensando se algo pode ser clicado — ou não.

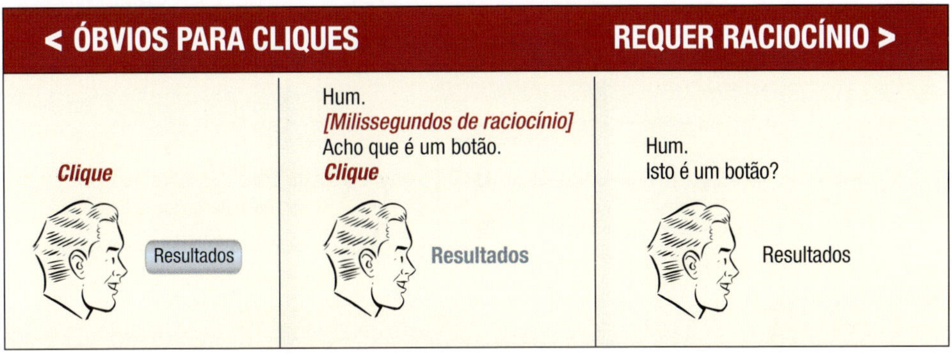

Você pode estar pensando: "Bem, isso não é tão importante. Se você clicar ou colocar o cursor sobre e nada acontecer, grande coisa!"

A questão é que cada dúvida aumenta o trabalho, distraindo a atenção da tarefa que estamos executando. As distrações podem ser mínimas, mas vão avolumando-se, especialmente se for algo que fazemos o tempo todo, como decidir onde clicar.

Por via de regra, as pessoas *não gostam* de precisar descobrir como fazer algo. Elas se divertem com quebra-cabeças em momentos específicos — quando querem se distrair ou se autodesafiar —, e não quando estão tentando descobrir a que horas a lavanderia fecha. O fato de as pessoas responsáveis pela criação do site não terem se importado em deixar tudo óbvio — e fácil — pode diminuir nossa confiança no site e em quem está por trás dele.

Outro exemplo de tarefa do dia a dia: reservando um voo.

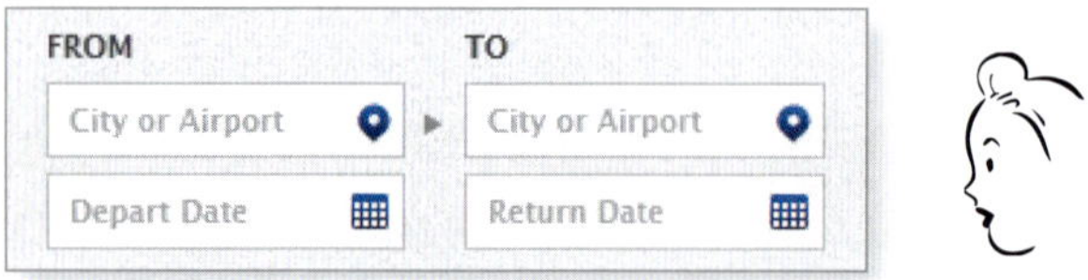

Vejamos. "Cidade ou Aeroporto (City or Airport)"

Vou colocar o nome da cidade.

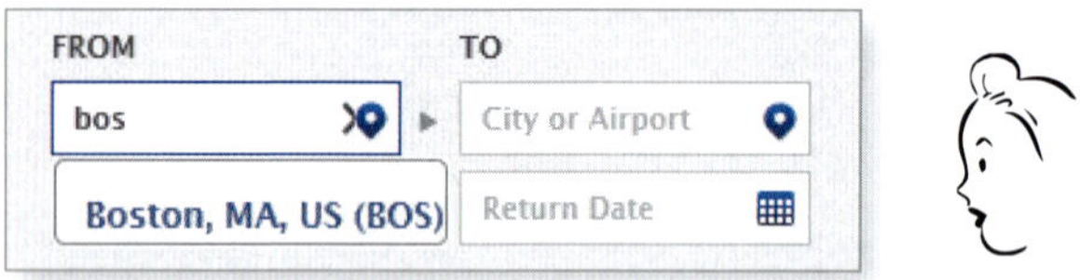

Digite "bos"

Oh, bom. Reconheceu Boston.

Selecione Boston no menu suspenso

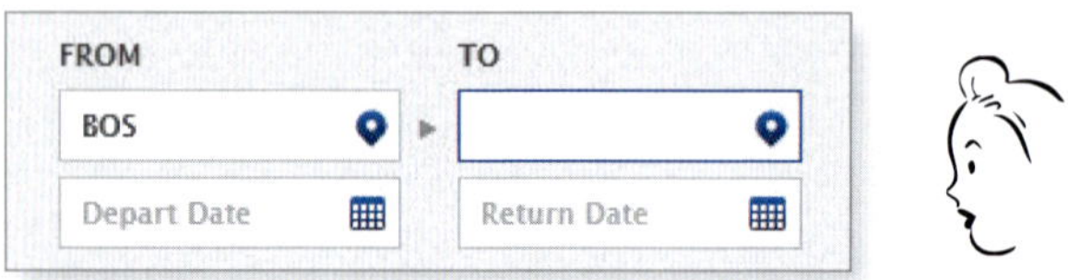

Por que será que aparece BOS depois que eu seleciono Boston?

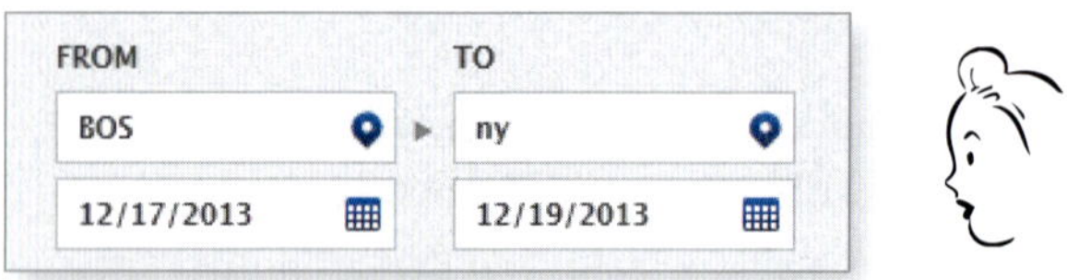

Tenho certeza de que reconhecerá "ny"...

Digite "ny" e preencha as datas, então clique em "Encontrar voos (Search)"

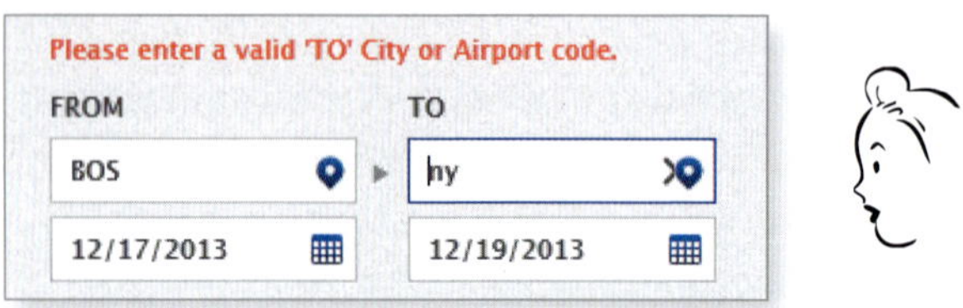

Por que ele não reconhece Nova York?

Concordo que a maior parte dessa "conversa mental" ocorre em uma fração de segundo, mas você pode ver que é um processo bastante turbulento. Além disso, há um erro enigmático no final.

Outro site apenas vê o que eu digito e me fornece opções que fazem sentido, tornando difícil haver erro.

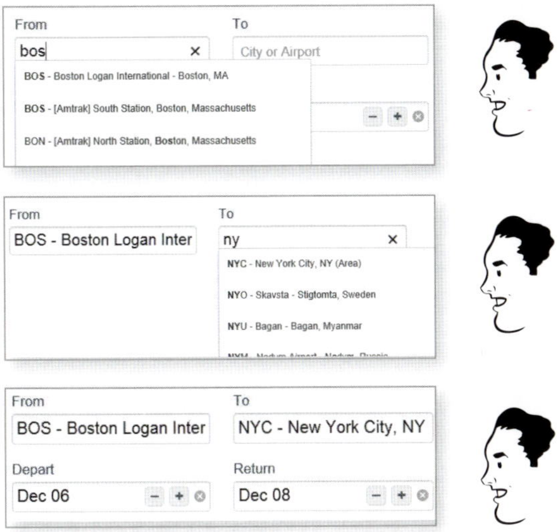

Comece digitando "bos" e obtenha uma lista de opções

Então digite "ny" e obtenha outra lista de opções

Bom.

Sem interrogações. Sem conversa mental. E livre de erros.

Eu poderia listar dezenas de outras coisas com as quais os visitantes de um site não deveriam perder tempo pensando, como

- Onde estou?
- Onde devo começar?
- Onde eles colocaram o ___?
- Quais as coisas mais importantes nesta página?
- Por que eles deram esse nome a isto?
- Isto é um anúncio ou é parte do site?

Contudo, a última coisa de que você precisa é outra checklist na sua pilha de checklists de design. O mais importante que você pode fazer é entender o básico sobre eliminação de perguntas. Se o fizer, começará a perceber tudo que obriga você a pensar quando está usando a web e acabará aprendendo a evitar isso nas páginas que criar.

Você não pode deixar tudo evidente

Sua meta deve ser cada página ser clara, de forma que apenas ao olhá-la o usuário médio[1] saiba o que ela é e como usá-la. Em outras palavras, ele "captará" sem ter de pensar a respeito.

Às vezes, no entanto, em especial se você estiver fazendo algo original, pioneiro ou basicamente complicado, é necessário estabelecer o que é *autoexplicativo*. Na página autoexplicativa, um pouco — e apenas *um pouco* — de raciocínio é necessário para "entendê-la". A aparência das coisas, a nomenclatura, a organização da página e a *pequena* quantidade de texto cuidadosamente colocado devem trabalhar juntas para criar um reconhecimento livre de esforço.

Eis a regra: se você não pode deixar evidente, precisa, pelo menos, torná-lo autoexplicativo.

Por que tudo isso é tão importante?

Por incrível que pareça, não é pelo motivo que geralmente se ouve:

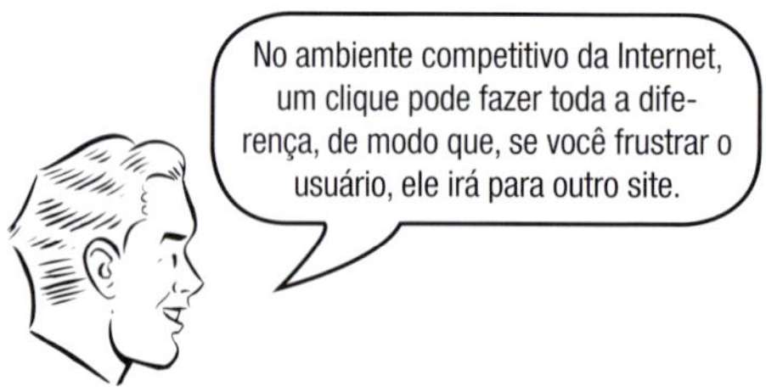

É verdade que existe muita competição lá fora. Especialmente em se tratando de aplicativos mobile, nos quais há uma variedade de opções (igualmente atrativas) à disposição e o custo para mudar de um para o outro é em geral irrisório (poucos centavos ou mesmo "gratuito").

---

[1] *O Usuário Médio real é guardado em um caixa-forte hermeticamente lacrada no International Bureau of Standards em Genebra. Voltaremos a falar sobre a melhor forma de pensar no "usuário comum".*

Entretanto, não é *sempre* que as pessoas são volúveis. Por exemplo:

- Elas podem não ter escolha, caso esta seja sua única opção (tal como a rede empresarial, ou o aplicativo mobile do seu banco, ou o único site que vende o junco que procuram).
- Você ficaria surpreso com quanto tempo algumas pessoas suportam em sites que as frustram, muitas vezes culpando a si mesmas, e não o site. Há também o fenômeno "Já estou esperando este ônibus há 10 minutos, então qual o problema de esperar um pouquinho mais?".
- Além do mais, quem garante que a experiência com a concorrência será menos frustrante?

Por que, então?

Tornar as páginas evidentes é como contar com uma boa iluminação em uma loja: faz tudo parecer melhor. Usar um site que não nos faça pensar sobre questões desimportantes é fácil e não nos suga energia, entusiasmo e tempo.

Mas, como você verá no capítulo seguinte, quando examinamos como de fato usamos a web, a razão principal pela qual é importante não me fazer pensar é o fato de que a maioria das pessoas gasta muito menos tempo nas páginas que projetamos do que gostaríamos que gastassem.

Consequentemente, se as páginas web terão de ser eficazes, devem executar a maior parte da sua mágica em um piscar de olhos, e a melhor forma de fazer isso é criar páginas que, se não forem claras, sejam, pelo menos, autoexplicativas.

capítulo

2

Como nós *realmente* usamos a web

EXAMINANDO, EXECUTANDO E ALCANÇANDO O OBJETIVO DE QUALQUER JEITO

Por que as coisas sempre estão no último lugar onde as procuramos?
Porque você para de procurar quando as encontra!

—CHARADA INFANTIL

Durante todo o tempo em que venho observando as pessoas usarem a web, o que mais me impressiona é a diferença entre como achamos que elas a usam e como realmente o fazem.

Quando estamos criando sites, agimos como se as pessoas fossem meditar sobre cada página, lendo nosso texto esmeradamente localizado, descobrindo como organizamos as coisas e ponderando antes de decidir em qual link clicar.

Entretanto, o que elas realmente fazem na maior parte do tempo (se tivermos sorte) é dar uma *olhada* em cada nova página, examinar *uma parte* do texto e clicar no primeiro link que lhes interessar ou lhes lembrar vagamente aquilo que estão procurando. Há em geral grandes áreas da página que elas sequer olham.

Estamos pensando em "grande literatura" (ou pelo menos em "folhetos"), enquanto a realidade do usuário é muito mais parecida com "passando por um letreiro a 140 km por hora".

Como era de se esperar, é um pouco mais complicado do que isso, e depende do tipo de página, do que o usuário está tentando fazer, do quão apressado ele estiver e assim por diante. No entanto, essa visão simplista aproxima-se muito mais da realidade do que a maioria de nós imagina.

Faz sentido imaginarmos um usuário mais racional e atento quando estamos projetando páginas. É natural supor que todos usam a web da mesma forma que nós, e — como todo o mundo — tendemos a achar que o nosso próprio comportamento é muito mais disciplinado e sensato do que de fato é.

Se você quiser projetar páginas web eficazes, entretanto, é necessário aprender a conviver com três fatos sobre o uso da web no mundo real.

FATO Nº 1:
Nós não lemos as páginas. Apenas as examinamos.

Um dos muitos poucos fatos bem documentados a respeito do uso da web é que as pessoas tendem a passar muito pouco tempo lendo as páginas web. Em vez disso, nós as examinamos (ou olhamos de relance) à procura de palavras ou sentenças que nos chamem a atenção.

A exceção, obviamente, são páginas que contenham documentos como últimas notícias, artigos ou descrições de produto, que as pessoas irão, sim, ler — mas, ainda assim, alternando entre a leitura e o relance.

Por que examinamos?

- **Geralmente estamos com pressa.** Muito do nosso uso da web é motivado pelo desejo de economizar tempo. Como resultado, os usuários tendem a agir como tubarões: devem se manter em movimento ou morrem. Nós apenas não temos tempo para ler mais do que o necessário.
- **Sabemos que não *precisamos* ler tudo.** Na maioria das páginas, só nos interessa uma parte delas. Estamos procurando apenas o que seja do nosso interesse, pois o resto não apresenta importância. É por meio de uma olhada rápida nas páginas que descobrimos o que é relevante.

- **Somos bons nisso.** É uma habilidade básica: quando você aprende a ler, aprende também a passar os olhos. Passamos os olhos por jornais, revistas e livros — ou se você tem menos de 25 anos, provavelmente, Twitter, Tumblr ou Facebook — durante toda nossa vida com o intuito de encontrar as peças em que estamos interessados, e sabemos que isso funciona.

O resultado final remete e muito à charge clássica Far Side, de Gary Larson sobre a diferença entre o que dizemos aos cães e o que eles ouvem. No desenho, o cão Ginger parece ouvir atentamente o seu dono o advertindo a ficar longe do lixo. Do ponto de vista do cão, entretanto, tudo que ele está dizendo é "blá blá GINGER blá blá blá blá GINGER blá blá blá".

O que vemos quando olhamos uma página web depende do que temos em mente, mas geralmente é apenas uma fração do que está na página

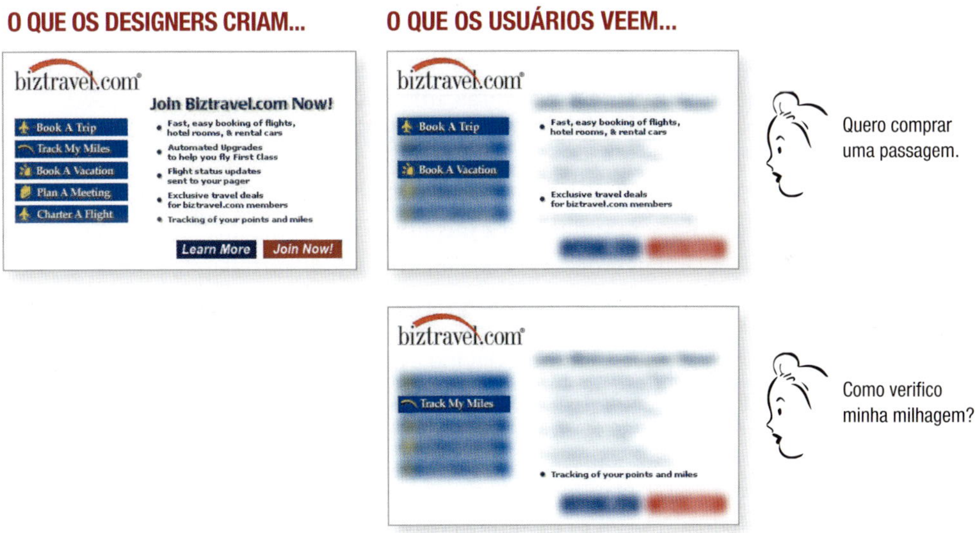

Assim como Ginger, tendemos a focar nas palavras e expressões que se parecem com (a) a tarefa à mão ou (b) nossos interesses pessoais atuais. Além disso, é claro, (c) as palavras que causam algum efeito sobre nosso sistema nervoso, como "grátis", "liquidação" e "sexo", além do nosso próprio nome.

FATO Nº 2:

Não fazemos escolhas ideais. Fazemos o que é suficiente.

Quando estamos projetando páginas, tendemos a supor que os usuários considerarão todas as opções disponíveis e, então, escolherão a melhor.

Na verdade, entretanto, na maior parte do tempo, nós *não* escolhemos a melhor opção — mas, sim, a *primeira opção razoável*, estratégia conhecida como satisfazimento.[1] Assim que encontramos um link que pareça capaz de levar ao que estamos procurando, há uma boa chance de que cliquemos nele.

Eu observei esse comportamento por anos, mas seu significado não estava bem claro para mim até eu ler *Fontes do Poder: O Modo Como as Pessoas Tomam Decisões*, de Gary Klein.

Klein passou uma década observando como comandantes de bombeiros, pilotos de aviões de combate, paramédicos e outros tomam decisões em frações de segundo com pressa, incertezas, informações limitadas e condições adversas.

A equipe de observadores de Klein iniciou o primeiro estudo (sobre comandantes de campo em situações de incêndio) com o modelo amplamente aceito de tomada racional de decisões: ao deparar com um problema, uma pessoa coleta informações, identifica as possíveis soluções e escolhe a melhor.

Eles iniciaram com a hipótese de que, devido à importância e à extrema pressão de tempo, os comandantes de bombeiros poderiam comparar apenas duas opções, uma suposição que eles achavam conservadora.

Pelo que se viu depois, os comandantes de bombeiros não comparavam *quaisquer* opções. Eles apenas optavam pela primeira opção cabível que vinha à mente e executavam um teste mental para descobrir algum problema nele. Caso não encontrassem algum, já tinham o plano de ação.

---

[1] *O economista Herbert Simon cunhou o termo em* Models of Man: Social and Rational *(Wiley, 1957).*

Então, por que os usuários web não procuram a melhor escolha?

- **Geralmente estamos com pressa.** E, como Klein destaca, "Otimizar é difícil e demora muito. Fazer o que for suficiente é mais eficiente".
- **A punição para suposições incorretas não é lá grande coisa.** À diferença de combater um incêndio, a punição para um equívoco em um site é, geralmente, clicar uma ou duas vezes no botão Voltar, o que torna o satisfazimento algo eficaz. (Voltar é o botão mais usado nos navegadores.)
- **Avaliar as opções pode não melhorar as nossas chances.** Em sites mal projetados, esforçar-se para realizar a melhor escolha não necessariamente ajuda. Você em geral se sairá melhor seguindo a sua primeira suposição e clicando no botão Voltar, caso ela não funcione.
- **Adivinhar é mais divertido.** É menos trabalhoso do que avaliar as opções e, se você estiver certo, mais rápido. Além disso, introduz um elemento de sorte — a agradável possibilidade de deparar com algo surpreendente e aprazível.

É claro que isso não significa que os usuários nunca avaliam as opções antes de clicarem. Isso depende de fatores como a maneira de pensar, a pressa em questão e o quanto eles confiam no site.

FATO Nº 3:

Nós não descobrimos como as coisas funcionam. Nós vamos direto ao ponto.

Uma das questões que se tornam óbvias quando você realiza algum teste de usabilidade — quer você esteja testando sites, softwares ou aparelhos eletrodomésticos — é o quanto as pessoas usam coisas o tempo todo sem compreendê-las ou com ideias completamente equivocadas sobre como elas funcionam.

Ao estar frente a frente com algum tipo de tecnologia, pouquíssimas são as pessoas que perdem tempo com manuais de instruções. Em vez disso, seguimos em frente e vamos direto ao ponto.

O Príncipe e o Mendigo (Classics Illustrated)

Isso me lembra muitas vezes a cena ao final de *O Príncipe e o Mendigo*, em que o verdadeiro príncipe descobre que o mendigo parecido com ele utilizara o Real Brasão de Armas do Reino Unido para quebrar nozes durante sua ausência. (Faz sentido — para o mendigo, o brasão é apenas um pedaço de metal grande e pesado.)

A verdade é que fazemos as coisas dessa forma. Tenho visto muitas pessoas usarem softwares e sites de modo eficaz de formas nem um pouco parecidas com as que seus desenvolvedores pretendiam.

O navegador, por exemplo — fundamental para navegar na Internet. Para quem desenvolve sites, é um aplicativo utilizado com o intuito de visualizar páginas web. Entretanto, se você perguntar para os usuários o que é um navegador, uma porcentagem surpreendente responderá algo como "É o que eu uso para buscar... encontrar coisas" ou "É o mecanismo de busca". Tente você mesmo: pergunte a alguns parentes o que é um navegador e surpreenda-se com as respostas.

Muitas pessoas usam a web exaustivamente sem saber que estão utilizando um navegador. O que elas sabem é que você digita algum texto num box e a coisa aparece.[2] Mas não interessa para eles, pois estão indo direto ao ponto e fazendo isso muito bem feito.

E ir direto ao ponto não é exclusividade dos iniciantes. Mesmo usuários com know-how possuem lacunas em seu conhecimento sobre como as coisas funcionam. (Eu não me surpreenderia se até Mark Zuckerberg e Sergey Brin utilizassem seu conhecimento tecnológico para fins de ir direto ao ponto.)

Por que isso acontece?

- **Não é importante para nós.** Para a maioria de nós, não importa se entendemos como as coisas funcionam, desde que consigamos usá-las. Não é falta de inteligência, mas sim de interesse. Simplesmente não nos interessa.[3]
- **Se encontramos algo que funcione, aderimos a ele.** Uma vez que encontramos algo que funcione — ainda que muito mal —, tendemos a não procurar uma alternativa melhor. Usaremos aquela se por acaso ela aparecer diante de nós, mas dificilmente procuraremos por ela.

---

2 *Geralmente um box com a palavra Google próxima. Muita gente acha que o Google é a Internet.*

3 *Desenvolvedores web sentem dificuldade em assimilar — ou mesmo acreditar — que as pessoas não compartilham do seu interesse de saber como as coisas funcionam.*

É sempre interessante assistir a designers e desenvolvedores observarem seu primeiro teste de usabilidade. A primeira vez em que veem o usuário clicar em algo completamente inapropriado, surpreendem-se. (Por exemplo, quando o usuário ignora um belo e grande botão que diz "Software" na barra de navegação, falando algo como "Bem, eu estou em busca de um software, então imagino que deva clicar aqui em 'Ofertas' porque ofertas são sempre boas.") O usuário pode até vir a encontrar o que está procurando, mas as pessoas que estão assistindo não saberão se devem se alegrar ou não.

Na segunda vez em que isso acontecer, eles berrarão "Clique em 'Software'!". Na terceira vez, você poderá vê-los pensando: "Por que diabos estou me importando tanto?".

E é um bom ponto: se as pessoas dão um jeito de ir direto ao ponto, será que de fato importa se "captaram"? A resposta é que seria bom se importasse porque ir direto ao ponto, às vezes, pode funcionar, mas tende a ser ineficiente e propenso a erros.

Por outro lado, se os usuários "captarem":

- Há uma grande chance de eles encontrarem aquilo que procuravam, o que é bom para eles e para você.
- Há uma grande chance de eles entenderem tudo o que o seu site tem a oferecer — não apenas as partes em que esbarrarem por acaso.
- Você tem mais chances de conduzi-los às partes do seu site que você quer que eles vejam.
- Eles se sentirão mais espertos e no controle quando estiverem usando o seu site, e isso os fará retornar a ele. Você pode se safar com um site no qual as pessoas vão direto ao ponto somente até alguém desenvolver um que as faça se sentirem inteligentes.

Se a vida lhe der limões...

Você pode estar pensando (dada essa visão auspiciosa de como as pessoas usam a web): "Por que eu não arrumo um emprego na loja de conveniência local? *Quem sabe* lá o meu trabalho seja apreciado".

O que fazer consigo mesmo?

Acho que a resposta é simples: se o seu público for reagir como se você projetasse cartazes, então projete os melhores cartazes do mundo.

capítulo

3

Introdução ao projeto de painéis

PROJETANDO PARA O USUÁRIO QUE ESTÁ SÓ DE PASSAGEM

Se você / Não sabe / De quem são / Estas placas / Você não deve ter / Dirigido muito longe / Burma-Shave!

—SEQUÊNCIA DE OUTDOORS DE BEIRA DE ESTRADA PROMOVENDO UM CREME DE BARBEAR, POR VOLTA DE 1935

Lidando com o fato de que seus usuários estão apenas de passagem, há seis coisas importantes que você pode fazer para se assegurar de que eles vejam — e compreendam — seu site o máximo possível:

- Tire proveito das convenções
- Crie uma hierarquia visual clara em cada página
- Divida as páginas em áreas claramente definidas
- Deixe óbvio o que pode ser clicado
- Minimize a confusão
- Formate o conteúdo para quem está só de passagem

Convenções são suas amigas

Uma das melhores maneiras de tornar a maioria das coisas fáceis de compreender é por meio de convenções já existentes — padrões amplamente usados ou do conhecimento de todos. Por exemplo:

- **Sinais de parada.** Considerando como é crucial que motoristas as vejam e os reconheçam num relance, à distância, chova ou faça sol, é muito bom que todos os sinais de parada apresentem a mesma aparência. (Podem ocorrer variações de país para país, mas, em geral, a consistência permanece ao redor do globo.)

  A convenção inclui o formato distinto, a palavra "Pare" numa cor visível em contraste com o entorno, além de tamanho, altura e localização padrões.

- **Controles em carros.** Imagine-se tentando dirigir um carro alugado com os pedais invertidos ou a buzina em outro lugar que não no volante.

Nos últimos 20 anos, muitas convenções acerca de páginas web evoluíram. Como usuários, aumentam as nossas expectativas quanto a

- **Onde as coisas estarão localizadas na página.** Por exemplo, usuários esperam o logo que identifica o site no canto superior esquerdo (pelo menos em países que leem da esquerda para a direita) e a navegação primária que começa no topo e vai até o rodapé.
- **Como as coisas funcionam.** Por exemplo, quase todos os sites de venda usam a metáfora do carrinho de compras e formas muito similares de especificar pontos, como forma de pagamento, endereço para entrega e por aí vai.
- **Como as coisas se parecem.** Muitos elementos possuem uma aparência-padrão, como os ícones que redirecionam para vídeos, o ícone de busca e as opções de compartilhamento em redes sociais.

SomeSlightlyIrregular.com

cityislandmovie.com

As convenções também evoluíram para diferentes *tipos* de sites — lojas, instituições de ensino, blogs, restaurantes, cinemas e muitos outros — a partir do momento em que todos os sites de uma mesma categoria têm os mesmos problemas a serem resolvidos.

Essas convenções não vêm sem aviso prévio: todas ganharam vida a partir da ideia de alguém. Se uma ideia tem eficácia comprovada, outros sites a imitam, fazendo com que as pessoas não precisem mais de explicações.

Quando bem aplicadas, convenções web tornam a vida mais fácil para os usuários pelo fato de não precisarem constantemente deduzir o que as coisas significam e como elas supostamente devem funcionar de site para site.

Quer provas de que as convenções ajudam? Veja o quanto você consegue saber sobre esta página — mesmo que não entenda uma só palavra dela — apenas por algumas convenções.

Há um problema, no entanto: designers volta e meia relutam em aderir às vantagens das convenções.

Diante da perspectiva de seguir uma convenção, os designers se veem tentados a reinventar a roda, principalmente por sentirem (com razão) que foram contratados para realizar algo diferente e inovador, e não mais do mesmo. Isso sem considerar o fato de que não existem prêmios para "melhor uso de convenções".

RODA

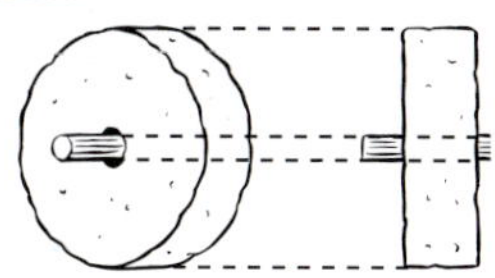

Patente Pendente 48,022a.C.,42,639a.C.,36,210a.C., 30,599 a.C., 28,714 a.C., 28,001 a.C., 19,711 a.C., 15,690 a.C., 15,689 a.C., 15,675 a.C., 15,674 a.C.

Às vezes, o tempo gasto reinventando a roda resulta em um novo dispositivo de rodagem revolucionário. Porém, outras vezes, apenas aumenta a quantidade de tempo gasto reinventando a roda.

Se você pretende inovar, terá de entender o valor daquilo que está substituindo (ou, como já dizia Bob Dylan, "Para viver fora da lei, você precisa ser honesto"[1]), e é fácil subestimar o quanto de valor as convenções fornecem. O exemplo clássico é a barra de rolagem personalizada. Quando um designer decide criar uma barra de rolagem do zero — geralmente para torná-la bonita —, o resultado quase sempre deixa claro que o designer em momento algum pensou nas centenas de milhares de horas de ajustes que resultaram na evolução da barra de rolagem padrão dos sistemas operacionais.

1 *"To live outside the law, you must be honest", célebre frase da canção Absolutely Sweet Marie, lançada em 1966 no álbum Blonde on Blonde.*

Se você não for usar uma convenção web já existente, precisa estar seguro de que o que estiver usando como substituto seja ou (a) tão claro e autoexplicativo que não haja curva de aprendizagem — de modo que seja tão bom quanto uma convenção, ou (b) acrescente tanto valor que valha a pena ter uma pequena curva de aprendizagem.

Minha recomendação: inove quando *souber* que tem uma ideia melhor, mas, em caso de dúvida, faça uso das convenções.

Não me entenda errado: não estou de maneira alguma desencorajando a criatividade. Eu amo web designs originais e inovadores.

Um dos meus exemplos prediletos é o Harlem.org. O site é todo construído em torno de uma famosa foto de 57 músicos de jazz, clicada por Art Kane na escadaria de uma casa no Harlem em agosto de 1957. Em vez de links e menus textuais, você usa a foto para navegar pelo site.

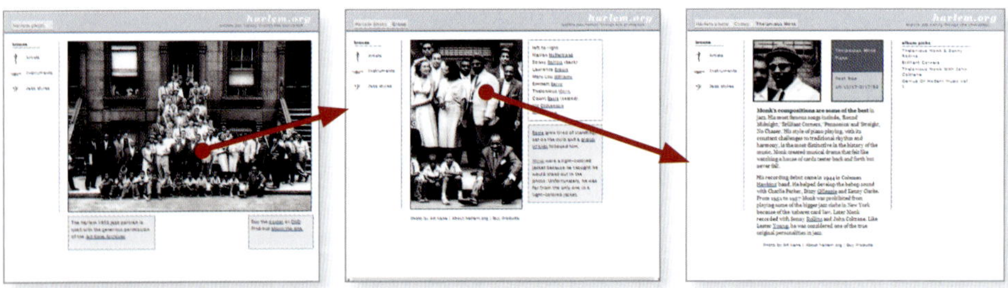

Clicar em qualquer área da foto... identifica a pessoa em questão e... permite que você clique para ler suas biografias.

Não só é inovador e divertido, como também fácil de entender e usar. Além disso, os criadores foram espertos o bastante para entender que o fator diversão poderia cair por terra depois de um tempo, e, então, também incluíram uma navegação mais convencional baseada em categorias.

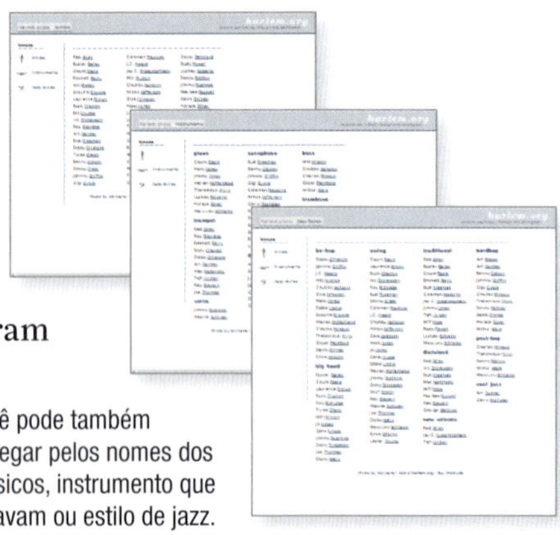

Você pode também navegar pelos nomes dos músicos, instrumento que tocavam ou estilo de jazz.

A regra de ouro é que você pode — e *deve* — ser tão criativo e inovador quanto quiser, além de adicionar tantos recursos estéticos quanto puder, *desde que se certifique de que eles são usáveis.*

E, por fim, uma ou duas palavras sobre consistência.

Você normalmente ouve consistência como um bem absoluto. Pessoas vencem muitas discussões de design apenas dizendo “Nós não podemos fazer isso. Não seria consistente”.

Consistência é sempre algo bom que vale o esforço para interiorizar no seu site ou aplicativo. Se a sua navegação está sempre no mesmo lugar, por exemplo, não tenho de pensar sobre ela ou perder tempo procurando-a. Mas haverá casos em que as coisas se tornarão mais claras se você as tornar *menos* consistentes.

Eis a regra para manter em mente:

CLAREZA FALA MAIS ALTO QUE CONSISTÊNCIA

Se você puder deixar algo *significativamente* mais claro tornando-o *levemente* inconsistente, não pense duas vezes.

Crie uma hierarquia visual clara

Outra forma importante de tornar uma página de fácil compreensão na pressa é assegurar-se de que a aparência das informações nela — todas as dicas visuais — mostre com clareza e precisão as relações entre o que está na página: o que é mais importante, o que se parece e o que é parte de outra coisa. Em outras palavras, cada página deve apresentar uma hierarquia visual clara.

Páginas com esse tipo de hierarquia possuem três peculiaridades:

- **Quanto mais importante algo é, mais proeminente está.** Por exemplo, os tópicos mais importantes são maiores, estão em negrito, em uma cor diferente, com mais espaço em branco ou mais próximos do topo da página — ou alguma combinação dessas características.

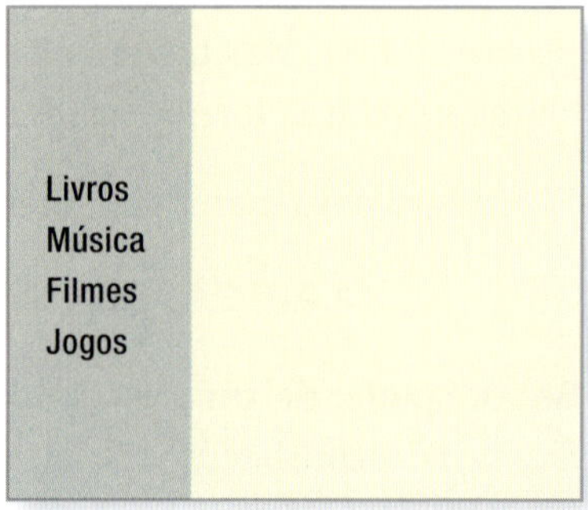

- **Coisas que estejam relacionadas logicamente também estão relacionadas visualmente.** Por exemplo, você pode mostrar que coisas são semelhantes agrupando-as sob um cabeçalho, exibindo-as de uma forma visualmente parecida ou colocando-as em uma área definida com clareza.

- **Coisas são "aninhadas" visualmente para mostrar quais fazem parte de quais.** Por exemplo, um cabeçalho de seção ("Livros de Informática") apareceria acima do título de um determinado livro, englobando visualmente toda a área de conteúdo da página porque o livro faz parte da seção. Além disso, o título do livro, por sua vez, se estenderia pelos elementos que o descrevem.

Não há nada de novo em hierarquias visuais. Todas as páginas de jornal, por exemplo, usam destaque, agrupamento e aninhamento para nos passar informações úteis sobre o seu conteúdo antes que tenhamos lido uma única linha. *Esta* figura ilustra *esta* matéria porque ambas são englobadas por *este* cabeçalho. *Esta* matéria é a mais importante porque possui o maior cabeçalho, a coluna mais larga e uma posição de destaque na página.

O cabeçalho englobando estas quatro colunas deixa óbvio que todas fazem parte de uma mesma matéria.

The Boston Globe

Wednesday, October 30, 2013

Besieged Obama heads to Boston

Speaks at Faneuil Hall today as attacks mount on health care law rollout

Mayoral rivals swing away in final debate

Connolly, Walsh rip each other's background but align on big issues

O tamanho deste cabeçalho nos faz perceber à primeira vista que esta é a matéria de destaque.

Todos nós analisamos hierarquias visuais todos os dias, porém, isso acontece com tanta rapidez que a única vez que estamos cientes de fazer isso é quando *não podemos* fazê-lo — quando as dicas visuais (ou a falta delas) nos obrigam a pensar.

Uma boa hierarquia visual nos poupa trabalho ao processar a página para nós, organizando e priorizando o conteúdo de modo que possamos entendê-la quase instantaneamente.

Todavia, quando uma página não possui uma hierarquia visual clara — se tudo parecer igualmente importante, por exemplo —, estaremos reduzidos ao processo muito mais lento de percorrer a página, buscando palavras e sentenças e depois tentando formar nossa própria ideia do que é importante e de como as coisas estão organizadas. É muito mais trabalhoso.

Analisar uma página com pequenas falhas de hierarquia visual — na qual um cabeçalho englobe coisas que não pertençam a ele, por exemplo — é como ler uma frase de duplo sentido ("Quando você vai à feira, compra muitas frutas ou só caqui?").

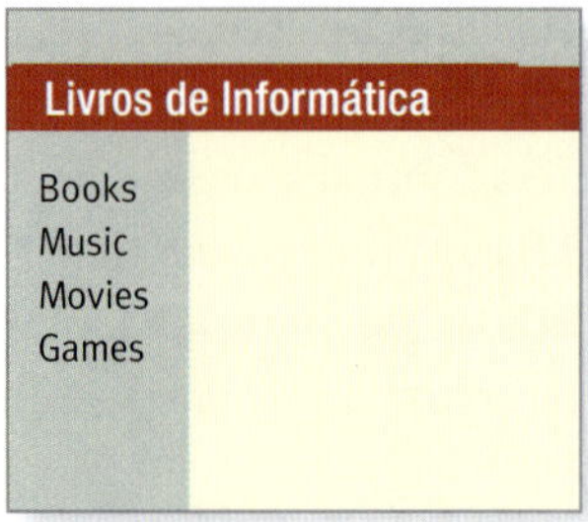

Essa hierarquia visual defeituosa sugere que Livros e outros pertencem à seção de Livros de informática.

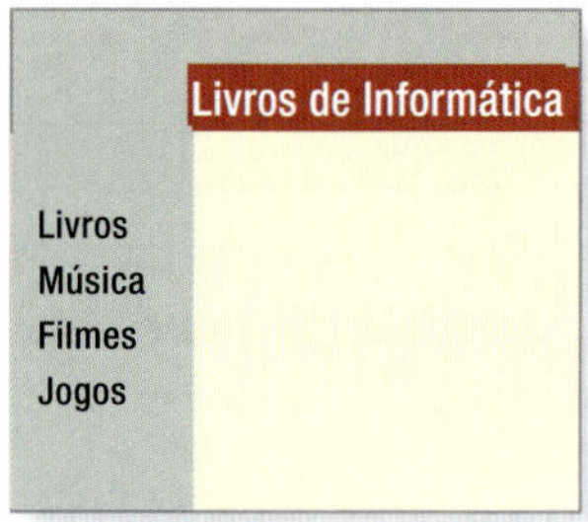

Colocar o cabeçalho no lugar certo torna a relação mais clara.

Mesmo que nós consigamos entender o que deveria significar, ela ainda nos confunde momentaneamente e nos força a pensar quando não precisaríamos.

Divida as páginas em áreas claramente definidas

Num mundo ideal, em qualquer página da web bem projetada, os usuários podem jogar uma versão do antigo jogo de perguntas e respostas da TV americana, chamado *$25,000 Pyramid*.[1] Olhando ao redor, eles devem poder apontar as diferentes áreas da página dizendo: "Coisas que eu posso fazer neste site!", "Links para os principais tópicos de hoje!", "Produtos que esta empresa vende!", "Coisas que ela deseja me vender!", "Aqui é onde clico para ver o resto do site!".

Dividir a página em áreas claramente definidas é importante porque permite aos usuários decidir rapidamente em quais áreas focar e quais podem ignorar com segurança. Estudos de rastreamento de olhares ao analisar páginas sugerem que os usuários decidem com muita rapidez em quais partes é provável encontrarem informações úteis e raramente visitam outras páginas — como se elas nem estivessem lá. (Cegueira de faixa — a habilidade de um indivíduo de ignorar completamente áreas que eles creem conter anúncios — é apenas o caso mais extremo.)

[1] *Os participantes tinham de fazer as suas duplas adivinharem coisas como "O encanador usa" dando-lhes exemplos ("chave inglesa, cortador, calças largas...").*

Deixe óbvio o que pode ser clicado

Uma vez que a maioria das pessoas procura pelo próximo local a clicar na web, é importante dizê-las com facilidade que é clicável.

À medida que analisamos a página, procuramos por uma variedade de dicas visuais que identifiquem as coisas como clicáveis (ou "tocáveis" em touch screens) — isso inclui formato (botões, guias etc.), localização (numa barra de menu, por exemplo) e formatação (cor e sublinhado).[2]

Esse processo de procura por dicas na aparência das coisas que nos dizem como usá-las não se limita às páginas web. Como Don Norman explica de modo tão proveitoso na recente atualização de seu clássico *The Design of Everyday Things*, nós estamos constantemente analisando o nosso entorno (como as maçanetas nas portas) em busca dessas dicas (para decidir se devemos puxar ou empurrar). Leia. Você nunca mais verá as portas da mesma maneira.

Identificar com facilidade o que é clicável numa página desenvolveu-se e minguou como problema desde o início da web.

Era Paleozoica

A maioria dos sites era projetada por desenvolvedores, usando texto em HTML, links e botões

Obviamente clicáveis, mas enfadonhos

O Velho Oeste

Frustrados com as limitações da web (poucas fontes, sublinhados tenebrosos), projetistas usam imagens de texto como links

Às vezes, é difícil dizer o que é clicável

Anos Dourados

CSS fornece uma solução elegante: usar uma cor (sem sublinhados) para todo o texto clicável

Usuários entendem, a vida é bela

---

[2] *As pessoas também se apegam ao fato de que o cursor num navegador muda de uma seta para uma mão quando aponta para um link, mas isso requer mover o cursor deliberadamente, num processo relativamente lento. Sem contar que não funciona em touch screens por conta da ausência de um cursor.*

Isso, entretanto, está reaparecendo como um problema no design mobile, como você verá no Capítulo 10.

Em geral, você estará no caminho certo se usar uma cor para todos os links de texto ou se tiver certeza de que sua forma e sua localização os identifiquem como clicáveis. Apenas evite erros bobos como usar a mesma cor dos links em cabeçalhos não clicáveis.

Minimize a confusão

Um dos grandes inimigos das páginas fáceis de serem entendidas é a confusão visual.

A tolerância em relação a complexidades e distrações varia de usuário para usuário; algumas pessoas não têm problema com páginas confusas, mas muitas as consideram pura e simplesmente intragáveis. Houve o tempo em que usuários colavam post-its na tela do computador para tapar a animação que os distraia enquanto tentavam ler.

Há, na verdade, dois tipos de confusão:

- **Gritaria.** Quando tudo na página está gritando pela sua atenção, o efeito pode ser opressivo: muitos convites para comprar! Muitos pontos de exclamação, fontes diferentes e cores saltitantes! Apresentações de slides automáticas, animações, pop-ups e um conjunto de anúncios sem fim!

  A verdade é que *tudo* pode ser importante. Gritaria, normalmente, é resultado de falha na tomada de decisões sobre quais elementos são de fato os mais importantes e de uma hierarquia visual clara para guiar os usuários diretamente para eles primeiro.

- **Desorganização.** Algumas páginas parecem uma loja saqueada, com coisas espalhadas por todos os lados. Isso é um sinal de que o projetista não entende a importância de usar grades para alinhar os elementos na página.

- **Aglomeração.** Todos nós já vimos páginas — especialmente home pages — com *informações demais*. O resultado é o mesmo de quando a sua caixa de entrada do e-mail está transbordando de coisas como newsletters de sites que decidiram que o seu único contato com eles equivale a uma amizade para a vida toda: é difícil encontrar e focar nas mensagens que realmente lhe interessam. Você acaba com o que os engenheiros chamam de baixa relação sinal-ruído: Muito ruído, pouca informação e o ruído obscurece o que é de fato útil.

  Quando estiver editando páginas web, é uma boa ideia começar com a hipótese de que *tudo* é ruído visual (o "dado como morto até que vivo apareça") e livrar-se de qualquer coisa que não esteja contribuindo de verdade. Diante das limitações de tempo e atenção, tudo que não for parte da solução é parte do problema.

Formate o conteúdo para quem está só de passagem

Muito do tempo — talvez a maior parte dele — que os usuários passam na sua página é gasto examinando o texto em busca de algo.

A maneira como o seu texto é formatado pode tornar isso muito mais fácil para eles.

Aqui estão as ações mais importantes para que suas páginas facilitem a vida de quem está só de passagem:

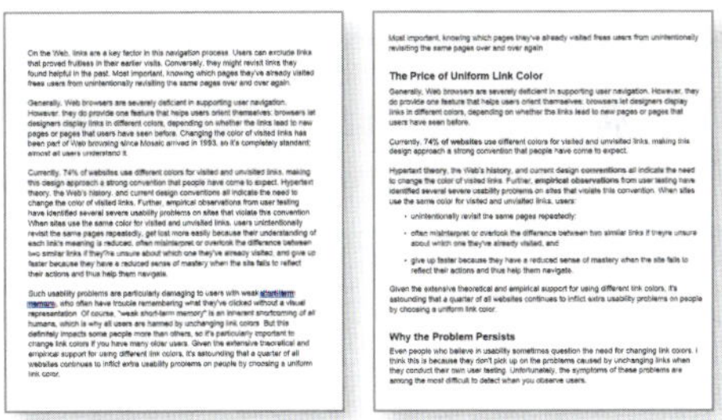

Qual desses você escolheria para examinar?

- **Use muitos cabeçalhos.** Cabeçalhos bem escritos e pensados intercalados com o seu texto atuam como uma espécie de sumário para a página. Eles dizem a você o que cada seção aborda ou, se forem menos literais, o deixarão intrigado sobre isso. Qualquer que seja, eles o ajudarão a decidir o que ler, examinar ou pular.

  Em geral, você desejará usar mais cabeçalhos do que pensava e gastará mais tempo escrevendo-os.

Também se assegure de formatá-los corretamente. Há duas coisas muito importantes sobre o estilo de cabeçalhos para as quais as pessoas geralmente fazem vista grossa:

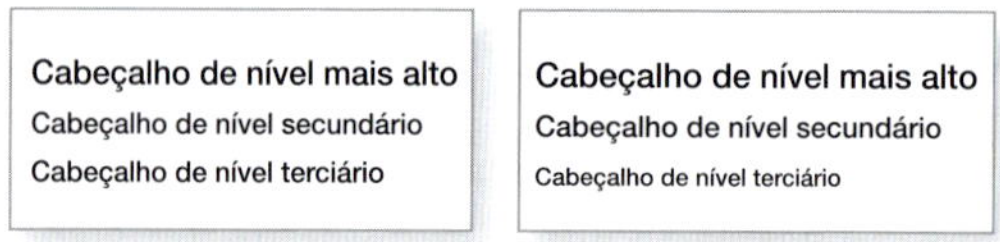

Ruim **Melhor**

Se você está usando mais de um nível de cabeçalho, certifique-se de que haja uma distinção visual óbvia entre eles. Você pode fazer isso tornando maior a fonte de cada nível mais alto ou deixando mais espaço acima.

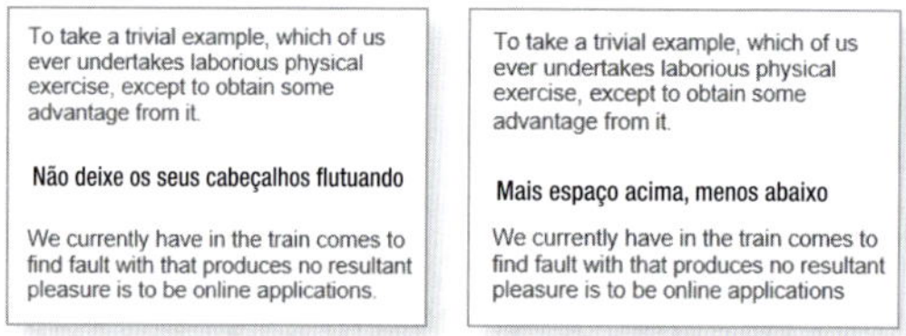

Ruim **Melhor**

Ainda mais importante: Não deixe os seus cabeçalhos flutuando. Assegure-se de que eles estão imediatamente antes da seção que introduzem, e não da seção que o antecede. Isso faz uma tremenda diferença.

- **Mantenha os parágrafos curtos.** Parágrafos longos confrontam o leitor com o que Caroline Jarrett e Ginny Redish chamam de "wall of words", "parede de palavras", em tradução livre. Elas são desencorajadoras, dificultam para os leitores se encontrarem na leitura e são mais difíceis de examinar do que uma série de pequenos parágrafos.

  Você pode ter sido ensinado que cada parágrafo deve possuir um tema, um desenvolvimento e uma conclusão, mas online não é bem assim. Mesmo parágrafos de uma linha estão de bom tamanho.

  Se você examinar um parágrafo longo, quase sempre encontrará um ponto no qual daria para parti-lo em dois. Crie esse hábito.

- **Use listas com marcadores.** Pense assim: quase tudo que pode ser uma lista com marcadores, provavelmente, *deve* ser. Apenas olhe para os seus parágrafos e procure quaisquer itens separados por vírgulas ou ponto e vírgulas e você encontrará fortes candidatos.

  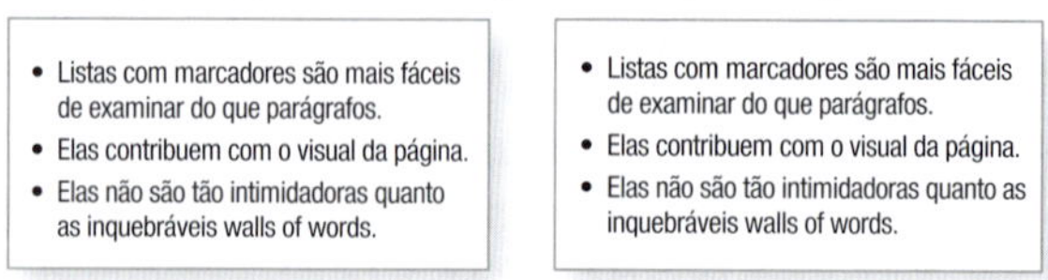

  Ruim **Melhor**

  E, para uma leitura otimizada, deve haver um pequeno espaço adicional entre os itens da lista.

- **Destaque as palavras-chave.** Muito do examinar páginas consiste na procura por elas. Formatar as mais importantes em negrito onde elas aparecem pela primeira vez no texto as torna fáceis de encontrar. (Se elas já estiverem como links de texto, você obviamente não precisa fazer isso.) Entretanto, não destaque muitas coisas ou a técnica perderá a eficácia.

Se você quiser realmente aprender sobre tornar o conteúdo examinável (ou qualquer coisa relacionada à escrita em telas em geral), corra atrás de *Letting Go of the Words*, de Ginny Redish.

E, enquanto estiver lendo, encomende uma cópia para dar de presente a alguém que escreva, edite ou participe da criação de conteúdo digital. A pessoa será eternamente grata.

capítulo

4

Animal, vegetal ou mineral?

POR QUE OS USUÁRIOS GOSTAM DE ESCOLHAS IMPENSADAS

Não importa quantas vezes eu tenho de clicar, desde que cada clique seja uma escolha impensada e não ambígua.

—SEGUNDA LEI DE KRUG SOBRE USABILIDADE

Web designers e profissionais de usabilidade gastaram muito tempo ao longo dos anos debatendo quantas vezes você pode esperar que os usuários cliquem (ou toquem) para conseguir o que querem sem ficarem muito frustrados. Alguns sites possuem até regras de projeto declarando que um número específico de cliques (geralmente três, quatro ou cinco) jamais deve ser ultrapassado para se chegar a qualquer página do site.

À primeira vista, o "número de cliques para chegar a algum lugar" parece um indicador proveitoso. Mas, com o tempo, concluí que o que realmente importa não é o número de cliques necessários para se chegar a algum lugar (embora existam limites), mas sim o quão difícil cada clique é — a quantidade de pensamento que demanda e o grau de incerteza sobre estar ou não fazendo a escolha certa.

Em geral, acho seguro dizer que os usuários não se importam com uma grande quantidade de cliques *desde que cada um deles seja indolor e que a confiança de estarem no caminho certo seja mantida* — seguindo o que muitas vezes é chamado de "rastro de informação".[1] Links que claramente, e não equivocadamente, identificam o seu alvo emitem um cheiro forte que garante aos usuários que clicar sobre eles vai aproximá-los de sua "presa". Links ambíguos ou mal formulados, não.

Creio que a receita de bolo poderia ser algo como: "três cliques impensados equivalem a um clique que requeira reflexão".[2]

---

1 *O termo foi cunhado por Peter Pirolli e Stuart Card em pesquisa para a Xerox, na qual estabeleceram um paralelo entre as pessoas em busca de informação ("informívoros") e animais seguindo o rastro de sua presa.*

2 *Obviamente, há exceções. Se eu, por acaso, tiver de clicar repetidamente até chegar aonde quero e cada nova página demorar uma eternidade para carregar, o valor de cada clique aumenta.*

A clássica primeira pergunta no jogo 20 perguntas — "Animal, vegetal ou mineral?" — é um exemplo perfeito de escolha sem sentido. À medida que você aceita a premissa de que tudo que não é uma planta ou um animal — incluindo pianos, poesias e cheesecakes, por exemplo — é "mineral", nenhum pensamento é requerido para que se responda à pergunta de modo correto.[3]

Infelizmente, muitas opções na web não são claras assim.

Por exemplo, recentemente, quando eu tentava comprar um produto ou serviço para o meu escritório (uma impressora, que seja), a maioria dos fabricantes me solicitava uma escolha de alto nível:

Qual desses sou eu? Tive de pensar e, mesmo após ter escolhido, não estava muito confiante sobre se aquela teria sido a opção correta. Na verdade, o que eu vi mais à frente na página de envio me causou *mais* dúvida ainda sobre eu estar ou não no lugar certo.

Foi a mesma sensação de estar diante de uma caixa de reclamações e outra de sugestões com um formulário preenchido em mãos. O que será que *eles* veem como reclamação ou sugestão? E o que pode acontecer caso eu deposite o formulário na caixa errada?

3 *Se por acaso você não sabe do que se trata o jogo, acesse* *http://pt.wikihow.com/Jogar-20-Perguntas* *e aprenda.*

Aqui está outro exemplo:

Estou tentando ler um artigo online. A página a que eu chego me fornece todas estas opções:

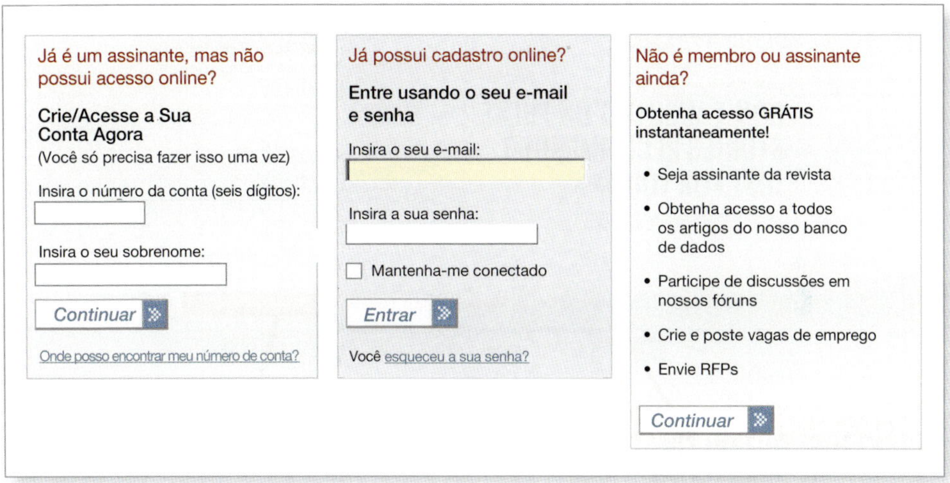

Agora tenho de ler todo esse texto e descobrir se sou um assinante, mas não um membro, ou um membro, ou nenhum dos dois. E então vou ter de desenterrar o número da conta ou a senha que escolhi e decidir se vale a pena ou não me tornar assinante.

A esta altura, a pergunta que estou me fazendo é: "Como responder a essa pergunta?" ou "Até que ponto estou tão interessado nesse artigo?".

O *New York Times* faz o mesmo tipo de escolha parecer muito mais fácil ao não confrontá-lo com todos os detalhes de uma só vez. Eles fornecem a opção de você realizar login ou ver as condições de se tornar um assinante, em outra janela onde aparecem questões ou informações relevantes para tal.

O problema de dar ao usuário opções e perguntas difíceis de responder acontece o tempo todo. Caroline Jarrett dedica um capítulo inteiro a isso ("Making Questions Easy to Answer") em seu livro *Forms that Work: Designing Web Forms for Usability*.

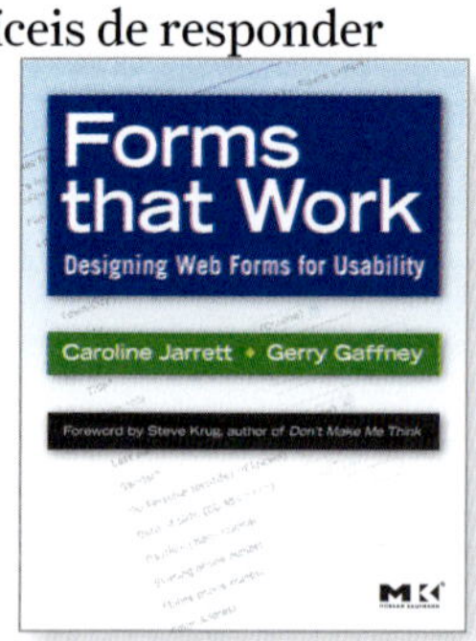

Qualquer um que trabalhe com usabilidade deveria ter uma cópia da obra na estante para consultas.

Você talvez precise de alguma ajuda

A vida é complicada. Algumas escolhas não são nada fáceis.

Quando você não puder evitar me dar uma escolha difícil, saia do convencional para me orientar conforme eu precisar — nada além disso.

Essa orientação funciona melhor quando é

- **Breve:** A menor quantidade de informação capaz de me ajudar
- **Oportuna:** Para que eu possa encontrá-la exatamente quando precisar dela
- **Inevitável:** Formatada de uma maneira que garante que eu vou notá-la

Exemplos disso são as dicas em campos de formulário, "O que é isto?", links e até mesmo dicas de ferramentas.

Você encontra meu exemplo favorito desse tipo de orientação nas esquinas de Londres.

É breve ("LOOK RIGHT — olhe para a direita", com uma seta apontando para a direita), oportuna (você a vê no instante em que precisa ser lembrado de olhar para a direita) e inevitável (você sempre vai olhar para baixo quando pisar fora do meio-fio).

Devo acreditar que ela salvou a vida de vários turistas que esperavam que o tráfego viesse da direção oposta. (Salvou a minha vida uma vez.)

Quer você precise de algo para oferecer orientação ou não, a questão é que o tempo todo que estamos na internet ficamos diante de escolhas, e tornar essas escolhas irracionais é uma das coisas mais importantes que você pode fazer a favor da usabilidade do seu site.

capítulo

5

Omita palavras ~~desnecessárias~~

A ARTE DE NÃO ESCREVER PARA A WEB

Livre-se de metade das palavras de cada página.
Depois, livre-se de metade das que restaram.

—TERCEIRA LEI SOBRE USABILIDADE DE KRUG

Das cinco ou seis coisas que aprendi na faculdade, a que mantive por mais tempo — e mais me beneficiou — foi a décima sétima regra de E. B. White, em *The Elements of Style:*

> **17. Omita palavras desnecessárias**.
>
> A escrita eficaz é concisa. Uma frase não deve conter palavras desnecessárias e um parágrafo não deve conter frases desnecessárias pelo mesmo motivo pelo qual um desenho não deve apresentar linhas desnecessárias e uma máquina não deve ter peças desnecessárias.[1]

Quando olho a maioria das páginas web, fico perplexo diante da quantidade de palavras que estão lá apenas ocupando espaço, porque ninguém jamais irá lê-las e, pelo simples fato de estarem lá, sugerem que você talvez realmente *precise* delas para entender o que está havendo, e, muitas vezes, isso faz as páginas parecerem mais intimidantes do que realmente são.

Minha Terceira Lei pode até parecer exagerada, mas foi feita com essa intenção. Remover metade das palavras é um objetivo fundamentado. Não vejo grandes dificuldades em se livrar de metade das palavras na maioria das páginas web sem perder algo de valor. A ideia de remover metade das palavras, entretanto, é apenas a minha maneira de tentar encorajar as pessoas a serem implacáveis quanto a isso.

Livrar-se de todas as palavras que ninguém lerá:

- Reduz o nível do ruído ou da interferência da página.
- Confere maior destaque ao que realmente importa.
- Torna as páginas menores, o que permite aos usuários visualizar mais de cada página sem precisar rolá-la.

---

1 *William Strunk, Jr., e E. B. White,* The Elements of Style *(Allyn e Bacon, 1979).*

Não estou dizendo que os textos no WebMD.com ou no NYTimes.com devam ser menores do que são. Mas certos tipos de texto são propensos ao excesso.

Morte ao papo furado

Todo mundo reconhece papo furado quando o vê: é o texto introdutório que deve não apenas nos dar boas-vindas, mas também nos contar o quão maravilhoso é o site ou a seção do site que estamos visitando.

Se você não tiver certeza se se trata de papo furado, eis um teste infalível: se prestar atenção enquanto estiver lendo, poderá escutar uma voz na sua cabeça dizendo baixinho "blá blá blá blá blá...".

Muito papo furado é típico de livretos mal escritos. Diferentemente da boa cópia promocional, eles não fornecem informações úteis e dão ênfase a dizer o quão maravilhoso nós somos, em vez de explicar o que nos faz maravilhosos.

Embora o papo furado seja às vezes encontrado em home pages — geralmente em parágrafos que começam com "Bem-vindo ao..." —, seu habitat preferido são as front pages das seções do site ("section fronts"). Como essas páginas são muitas vezes tabelas sem conteúdo próprio, é tentador preenchê-las com papo furado. O resultado é semelhante ao que seria se um editor resolvesse acrescentar um parágrafo ao sumário do livro dizendo "Este livro contém capítulos sobre __, __ e __. Esperamos que você goste!".

Papo furado é igual conversa fiada — zero conteúdo, basicamente uma forma de socializar. Porém, a maioria dos usuários web não tem tempo para isso; eles querem ir direto ao ponto. Você pode — e deve — acabar com o máximo de papo furado que puder.

Morte às instruções

Tão desnecessárias quanto happy talk são as instruções. O principal a saber sobre elas é que ninguém irá lê-las — a menos que sejam repetidas tentativas frustradas de aprender sozinho e, mesmo assim, se as instruções forem prolixas, as chances de o usuário encontrar o que precisa são realmente baixas.

Você deve ter como objetivo a eliminação por inteiro das instruções, tornando tudo — ou pelo menos quase tudo — autoexplicativo. Quando instruções forem necessárias, limite-as ao mínimo necessário.

Por exemplo, aqui estão as instruções que encontrei no início de uma enquete num site:

> O questionário a seguir foi projetado com o objetivo de nos fornecer informações capazes de nos auxiliar a melhorar o site, tornando-o mais adequado às suas necessidades. Por favor, selecione as suas respostas nos menus suspensos e botões de seleção abaixo. Os questionários geralmente levam de dois a três minutos para serem preenchidos.
>
> No final desta página, você pode deixar seu nome, endereço e telefone, a fim de que, dessa forma, seja contatado no futuro para participar de novas pesquisas visando nos auxiliar em novas melhorias para o site.
>
> Caso você tenha comentários ou dúvidas que precisem de uma resposta, contate o nosso Serviço de Atendimento ao Cliente.
>
> **1. Quantas vezes você já visitou o site?**
>
> Esta é a minha primeira visita

Um corte agressivo cairia muito bem aqui:

ANTES: 108 PALAVRAS

O questionário a seguir foi projetado com o objetivo de nos fornecer informações capazes de nos auxiliar a melhorar o site, tornando-o mais adequado às suas necessidades.	A primeira frase é papo furado total. Eu sei para que serve uma pesquisa. Tudo o que preciso são palavras que me auxiliem e mostrem que eles compreendem que estou fazendo um favor a eles ao responder.
Por favor, selecione as suas respostas nos menus suspensos e botões de seleção abaixo.	A maioria dos usuários não precisa que lhes digam como preencher um formulário na Web, e os que precisam não saberão sequer o que é um menu suspenso ou um botão de seleção.
Os questionários geralmente levam de dois a três minutos para serem preenchidos.	Neste ponto, ainda estou tentando decidir se dou atenção a esse questionário. Saber que ele é curto é uma informação útil.
No final desta página, você pode deixar seu nome, endereço e telefone, a fim de que, dessa forma, seja contatado no futuro para participar de novas pesquisas visando nos auxiliar em novas melhorias para o site.	Esta instrução não tem utilidade para mim neste momento. Ela deveria estar no final do questionário, parte na qual posso fazer algo a respeito. Do jeito que aparece, só ajuda as instruções a parecerem intimidantes.
Caso você tenha comentários ou dúvidas que precisem de uma resposta, contate o nosso Serviço de Atendimento ao Cliente.	O fato de eu não usar este formulário se quiser uma resposta é uma informação útil e importante. Infelizmente, no entanto, eles não se dão ao trabalho de me dizer como contactar o Serviço de Atendimento ao Cliente — ou, melhor ainda, fornecendo-me um link para eu fazê-lo imediatamente.

DEPOIS: 46 PALAVRAS

Por favor, nos ajude a melhorar o site respondendo às perguntas a seguir. Só levará de 2 a 3 minutos.

OBSERVAÇÃO: Se você tiver comentários ou dúvidas que necessitem de uma resposta, não use este formulário. Em vez disso, contate o Serviço de Atendimento ao Cliente.

Agora com vocês, algo completamente diferente

Até agora, tentei exemplificar alguns princípios básicos que considero importantes para se ter em mente quando se cria uma página web.

Agora estamos indo para os capítulos que examinam como esses princípios se aplicam aos dois maiores e mais importantes desafios do web design: navegação e home page.

Você talvez queira tomar um cafezinho. São capítulos muito compridos.

capítulo

6

Placas de rua e migalhas de pão

PROJETANDO A NAVEGAÇÃO

E você pode encontrar-se \ em uma bela casa \ com uma bela esposa
E você pode perguntar-se \ Bem... \ Como eu cheguei aqui?

—TALKING HEADS, "ONCE IN A LIFETIME"

É fato:

As pessoas não usarão o seu site se não conseguirem navegar por ele.

Você sabe disso pela sua própria experiência como usuário. Se for a um site e não conseguir encontrar o que está procurando ou descobrir como ele está organizado, provavelmente não ficará muito tempo — ou retornará. Então, como você cria a proverbial navegação "clara, simples e consistente"?

Cena em um shopping center

Imagine que é sábado à tarde e você está indo ao shopping comprar uma motosserra.

Enquanto cruza a porta da loja, pensa: "Hmmm. Onde será que eles colocam as motosserras?". Assim que entra, começa a procurar pelos nomes dos departamentos no alto das paredes. (Eles são grandes o suficiente para que você os veja de qualquer lugar da loja.)

Você pensa: "Ferramentas? Ou Jardinagem?" Dado que esta loja também é bastante orientada a ferramentas, você vai em direção a esse departamento.

Ao chegar lá, começa a procurar as placas no final de cada corredor.

Quando acredita ter chegado ao corredor certo, começa a procurar os produtos individuais.

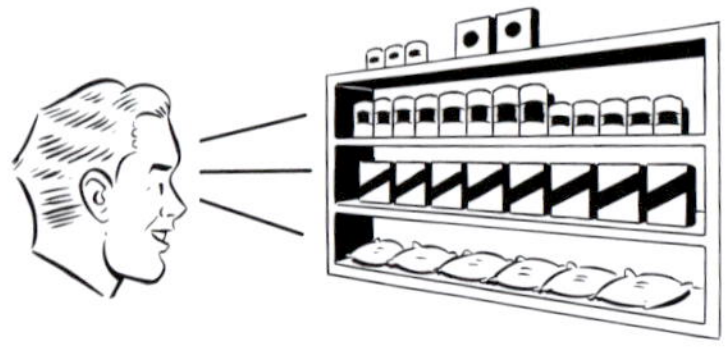

Se descobrir que a sua suposição estava incorreta, tenta outro corredor ou pode ainda voltar e começar de novo no departamento de Jardinagem. Quando tiver terminado, o processo se parecerá com isto:

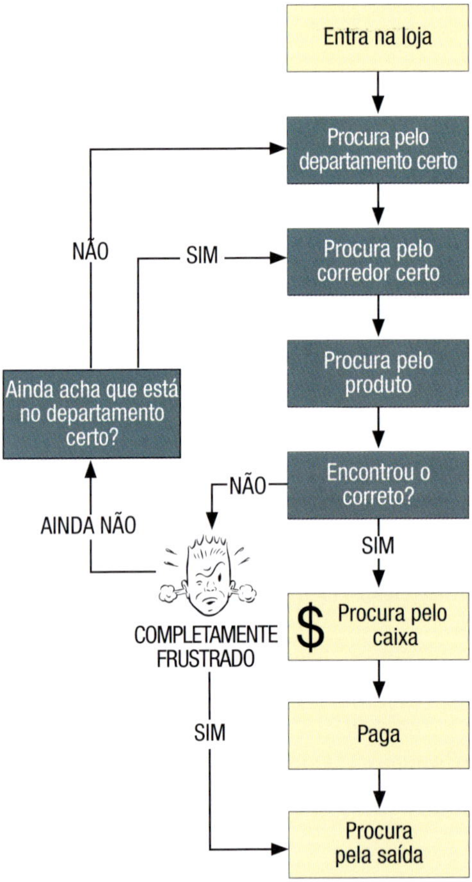

Basicamente, você usa os sistemas de navegação da loja (os sinais e a hierarquia organizacional que ela personifica) e sua habilidade de examinar os produtos nas prateleiras até encontrar o que procura.

É evidente que o processo real é um pouco mais complexo. Primeiro porque, ao cruzar a porta, você geralmente gasta alguns milissegundos em uma decisão crucial: vai começar a procurar a motosserra sozinho ou vai perguntar a algum vendedor onde pode encontrá-la?

Esta é uma decisão baseada em diversas variáveis — o quão familiarizado você está com a loja, o quanto confia na habilidade deles de organizarem as coisas de maneira sensata, se está com muita pressa e até mesmo o quão sociável você é.

Ao fatorar isso, o processo se torna algo como:

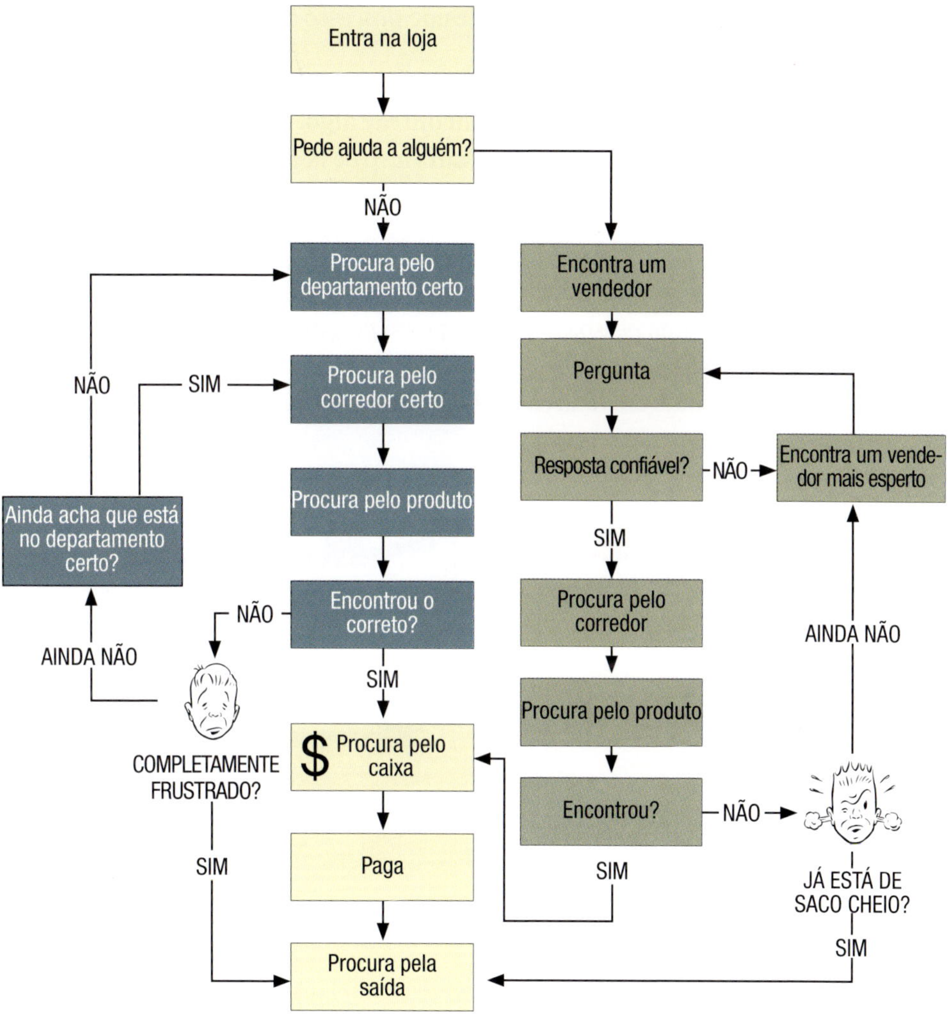

Repare que, mesmo que você comece a procurar sozinho, se as coisas não derem certo, há uma boa chance de você pedir ajuda a um vendedor.

Introdução à navegação na web

Sob vários aspectos, você passa pelo mesmo processo quando entra em um site.

- **Você geralmente está tentando encontrar algo.** No mundo "real", poderia ser a sala de emergência ou um vidro de ketchup tamanho família. Na web, um par de fones de ouvido ou o nome do ator que fez *Casablanca*.
- **Você decide se pergunta ou procura primeiro.** A diferença é que em um site não há uma pessoa a quem se possa perguntar onde as coisas estão. O equivalente na web é a busca — digitar uma descrição do que estiver procurando em uma caixa de busca e obter uma lista de links para lugares onde isso talvez esteja.

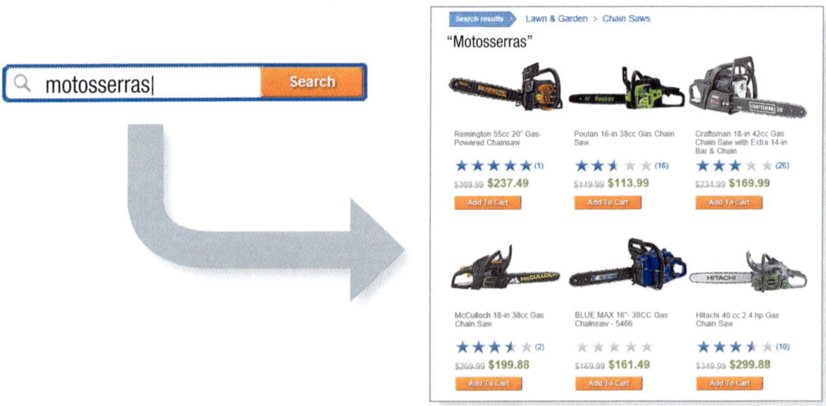

Algumas pessoas (Jakob Nielsen as chama de usuários "search-dominant") quase sempre procuram as caixas de busca assim que entram em um site. (Estas podem ser as mesmas pessoas que procuram o funcionário mais próximo quando entram em uma loja.)

Outras pessoas (os usuários “link-dominant” de Nielsen) quase sempre navegarão primeiro, pesquisando apenas quando não tiverem mais links para clicar ou quando já estiverem suficientemente frustradas com o site.

Para todas as outras pessoas, a decisão de iniciar navegando ou pesquisando depende do modo de pensar, da pressa e de se o site parece ser fácil
de navegar.

- **Se decidir navegar, siga a hierarquia usando os sinais para guiá-lo.** Normalmente, você olhará em volta na página inicial procurando uma lista das principais seções do site (como as placas da loja de departamentos) e clicará na que parecer a certa.

  A seguir, escolherá um item da lista de subseções.

  Com alguma sorte, após mais alguns cliques, você acabará com uma lista do tipo de coisa que procura:

  Em seguida, clique nos links individuais para examiná-los em detalhe, da mesma forma que faria ao retirar os produtos das prateleiras e ler as embalagens.

- **Por fim, se não conseguir encontrar o que procura, acabará indo embora.** Isso é tão verdade num site quanto é na loja. Você irá embora quando estiver convencido de que eles não têm o produto ou quando estiver frustrado demais para continuar procurando.

Aqui está como o processo deve parecer:

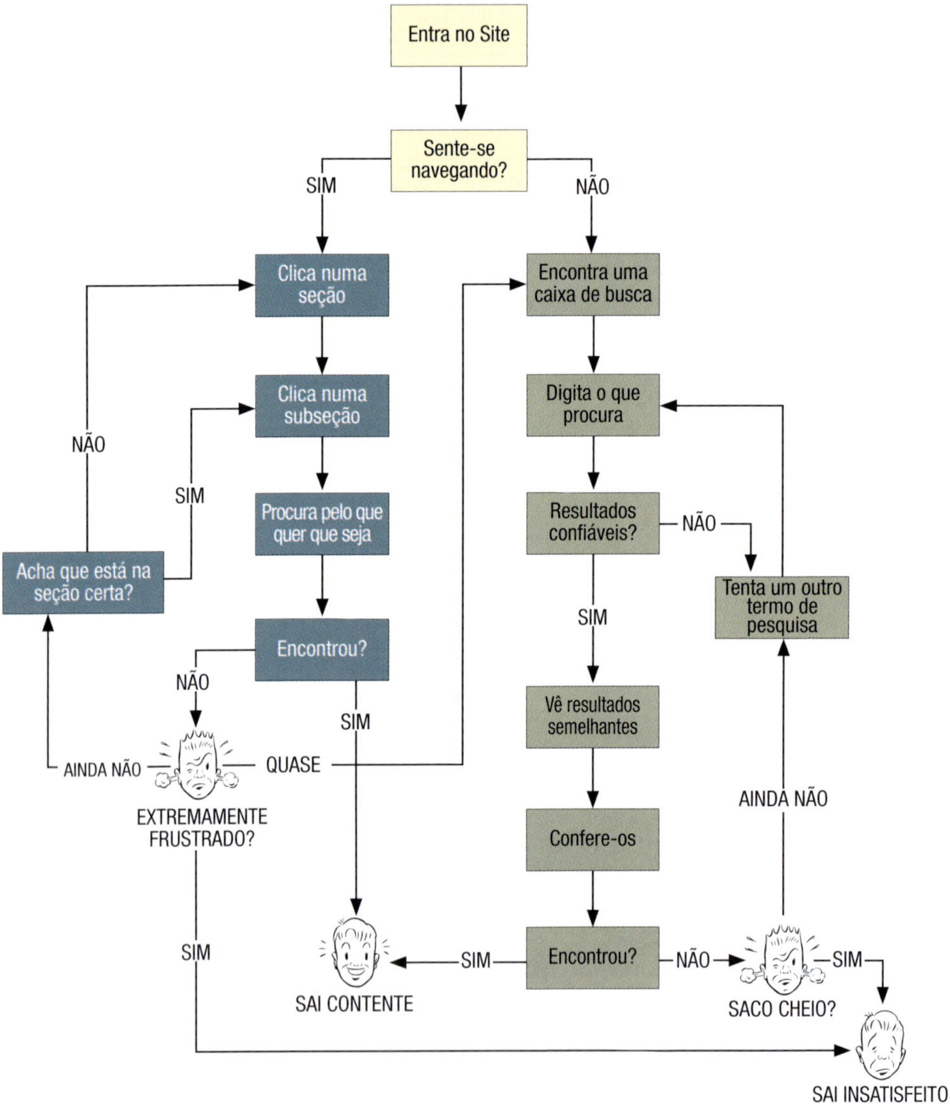

A insustentável leveza da navegação

Há muitas semelhanças em procurar coisas em um site e no mundo "real". Quando estamos explorando a web, de certa forma até *parece* que estamos andando em um espaço físico. Pense nas palavras que usamos para descrever a experiência — "percorrer", "navegar" e "surfar". Além disso, clicar em um link não "carrega" ou "exibe" outra página — o "leva" a uma página.

Contudo, a experiência na web não possui muitas das dicas nas quais baseamos toda a nossa vida para negociar espaços. Considere estas excentricidades do espaço na web:

- **Não há noção de escala.** Mesmo após usarmos bastante um site, a menos que ele seja muito pequeno, tendemos a ter pouquíssima noção do quão grande ele é (50 páginas? Mil? 17 mil?).[1] Até onde sabemos, poderiam existir enormes áreas que nunca exploramos. Compare isso com uma revista, um museu ou uma loja de departamentos, onde você sempre tem pelo menos uma noção aproximada da proporção do que foi e do que não foi visto.

  O resultado prático consiste em ser muito complicado saber se já viu tudo que lhe interessa em um site, o que significa que é difícil saber quando parar de procurar.[2]

- **Nenhum senso de direção.** Em um site, não há esquerda ou direita, para cima ou para baixo. Digo isso no sentido de hierarquia — tanto para níveis mais gerais quanto para mais específicos.

- **Nenhum senso de localização.** Em espaços físicos, quando nos locomovemos, acumulamos conhecimento a respeito. Desenvolvemos um sentido de onde as coisas estão e podemos tomar atalhos para chegar a elas.

  Podemos chegar às motoserras na primeira vez seguindo as placas, mas da próxima vez é provável que pensemos,

  > "Motoserras? Ah, sim, eu lembro onde elas estão: no corredor dos fundos, perto dos refrigeradores."

---

1 *Mesmo pessoas que gerenciam sites dificilmente têm ideia do quão imensos seus sites são de verdade.*

2 *Essa é a razão pela qual é importante que os links já acessados sejam exibidos numa cor diferente. Nos fornece alguma noção do quanto de chão nós já percorremos.*

E, então, vou direto a elas.

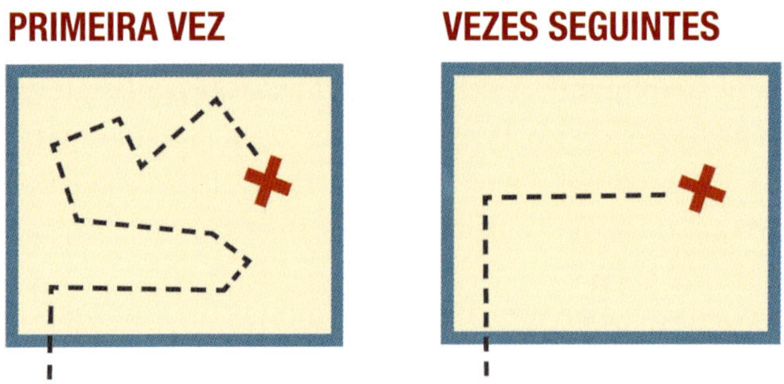

Entretanto, na web, seus pés nunca tocam o chão. Em vez disso, você anda por meio de cliques nos links. Clique em "Ferramentas Mecânicas" e, de repente, é teletransportado para o corredor das Ferramentas Mecânicas atravessando o espaço sem olhar os produtos distribuídos pelo caminho.

Quando queremos voltar para alguma coisa em um site, em vez de usar um sentido *físico* de localização desse objeto, temos de nos lembrar de onde ela está na hierarquia conceitual e voltar pelos nossos passos.

Esse é um motivo pelo qual os favoritos — atalhos pessoais armazenados — são tão importantes e por que o botão Voltar é o mais usado nos navegadores.

Isso também explica por que o conceito de home pages é tão importante. Home pages são — comparativamente — locais fixos. Quando você está em um site, a home page é como Polaris, a Estrela do Norte. Ser capaz de clicar e voltar até ela lhe dá um novo começo.

Essa ausência de fisicalidade é, ao mesmo tempo, boa e ruim. Pelo lado positivo, a sensação de leveza pode ser divertida e em parte explica por que é tão fácil perder a noção do tempo na web — o mesmo que ocorre quando estamos "perdidos" em um bom livro.

Pelo lado negativo, acho que explica o porquê de usarmos o termo "navegação" para a web, embora nunca falemos em "navegação na loja de departamentos" ou "navegação na biblioteca". Se você procurar a palavra navegação em um dicionário, verá que ela diz respeito a duas coisas: ir de um lugar para outro e descobrir onde você está.

Falamos em navegação na web porque "descobrir onde você está" é um problema muito mais difundido nela do que em espaços físicos. Estamos inerentemente perdidos quando na web e não podemos dar uma espiada nos corredores para ver onde estamos. A navegação compensa essa perda de senso de lugar incorporando a hierarquia do site, criando-se um senso de "lá".

A navegação não é apenas uma característica de um site. Ela é o site, da mesma forma que o prédio, as prateleiras e as caixas registradoras são a loja. Sem ela, não existe lá.

Moral da história? É melhor que a navegação seja boa.

Os objetivos negligenciados da navegação

Dois dos objetivos da navegação são bastante óbvios: nos auxiliar a encontrar o que quer que estejamos procurando e nos informar onde estamos.

Todavia, a navegação apresenta outras funções igualmente importantes — e facilmente negligenciadas:

- **Ela nos diz o que existe aqui.** Tornando a hierarquia visível, a navegação nos informa o conteúdo do site e também revela conteúdo! Revelar o site pode ser até mais importante do que nos guiar ou situar.
- **Ela nos diz como usar o site.** Se a navegação estiver fazendo o que deve, ela lhe diz *implicitamente* por onde começar ou quais são as suas opções. Se executada corretamente, deve ter todas as instruções de que você precisa. (O que é bom, já que a maioria dos usuários ignorará quaisquer outras instruções.)
- **Ela nos dá confiança nas pessoas que a criaram.** A cada momento em que navegamos em um site, estamos registrando mentalmente: "Estes caras sabem o que estão fazendo?". Esse é um dos principais fatores que usamos para decidir se vamos embora e se voltaremos. Navegação clara e bem planejada é uma das melhores oportunidades que um site possui de criar uma boa impressão.

Convenções de navegação web

Espaços físicos, como cidades e prédios (e até espaços de informação como livros e revistas), possuem seus próprios sistemas de navegação, com convenções que têm se desenvolvido com o tempo, como placas de ruas, números de páginas e títulos de capítulos. As convenções especificam (livremente) a aparência e a localização dos elementos de navegação, de modo que saibamos procurar por eles quando precisarmos.

Colocá-los em um local padrão permite que os localizemos rapidamente e com um mínimo de esforço. Padronizar sua aparência facilita a distinção entre eles e todo o resto.

Por exemplo, esperamos não apenas encontrar placas de ruas nas esquinas, mas também encontrá-las olhando para cima (não para baixo) e esperamos que elas se pareçam com placas de rua (horizontais, não verticais).

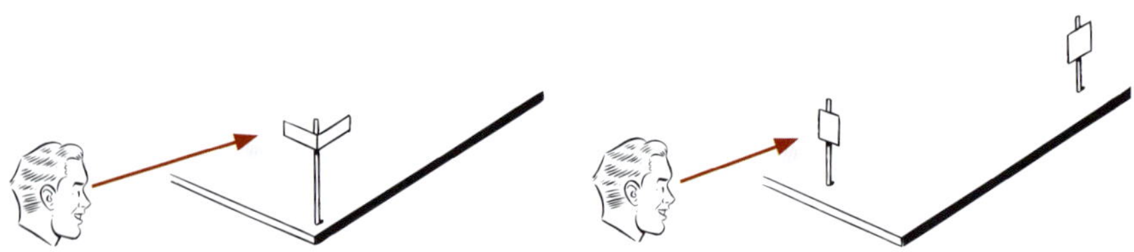

Também não nos importamos se o nome de um prédio está acima ou ao lado de sua entrada. Em um armazém, esperamos encontrar placas no final de cada corredor. Em um livro, sabemos que haverá um sumário em algum lugar entre as primeiras páginas e os números de página em algum lugar da margem de cada página — e que eles se parecerão com um sumário e com números de páginas.

Pense no quão frustrante é quando uma convenção é quebrada (quando as revistas não colocam números de página em páginas de propaganda, por exemplo).

Embora a aparência varie significativamente, estas são as convenções básicas para navegação na web:

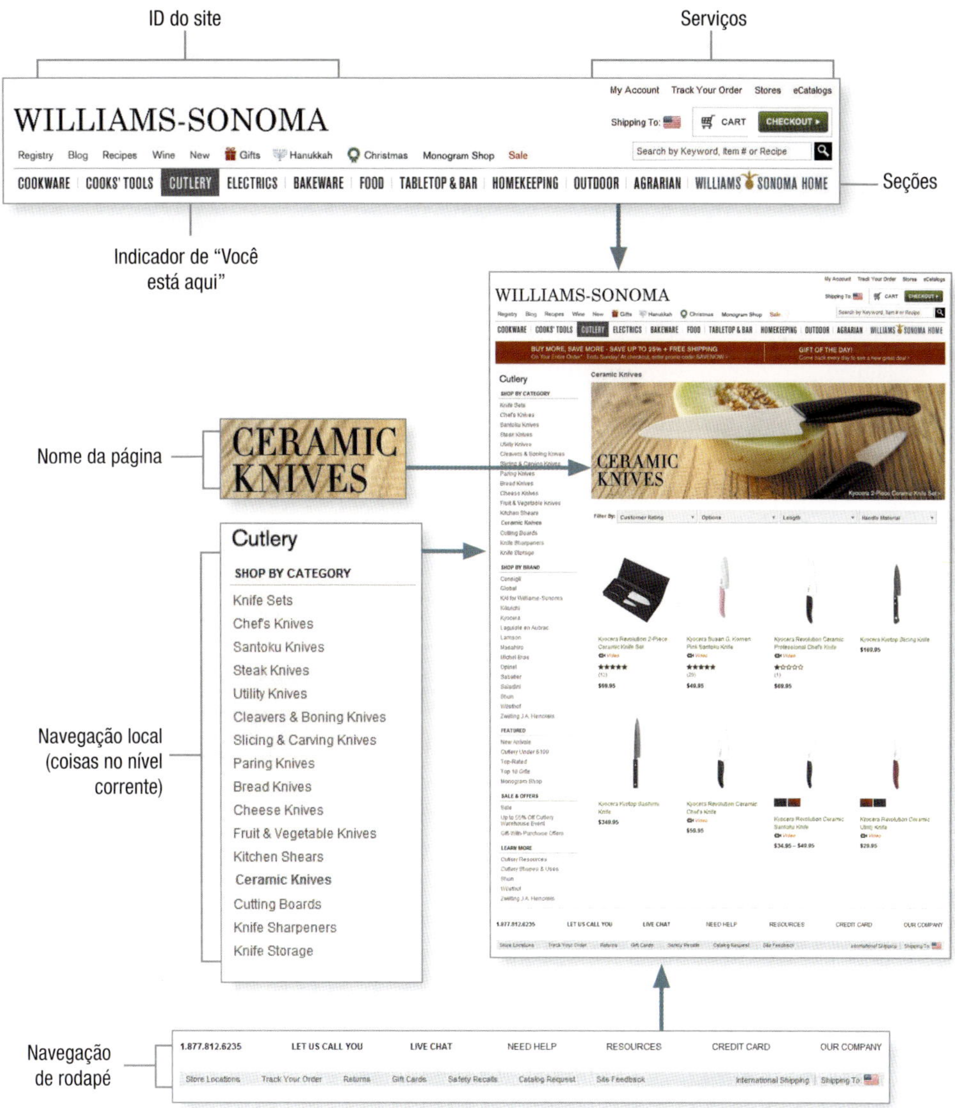

Não olhe agora, mas acho que estamos sendo seguidos

Web designers usam o termo *navegação global* para descrever o conjunto de elementos de navegação que aparecem em cada página de um site.

Feita corretamente, a navegação global deve dizer — de preferência calmamente e num tom confortante:

> *"A navegação está aqui. Algumas partes mudarão um pouco dependendo de onde você estiver, mas estará sempre aqui e sempre funcionará da mesma forma."*

Apenas fazer a navegação aparecer no mesmo lugar em todas as páginas com uma aparência consistente lhe confere uma confirmação instantânea de que ainda está no mesmo site — o que é mais importante do que você pode acreditar. Além disso, mantê-la igual em todo o site significa que (espero) você só tem de descobrir como ele funciona uma vez.

A navegação global deve incluir os quatro elementos que você mais precisa ter sempre em mãos:

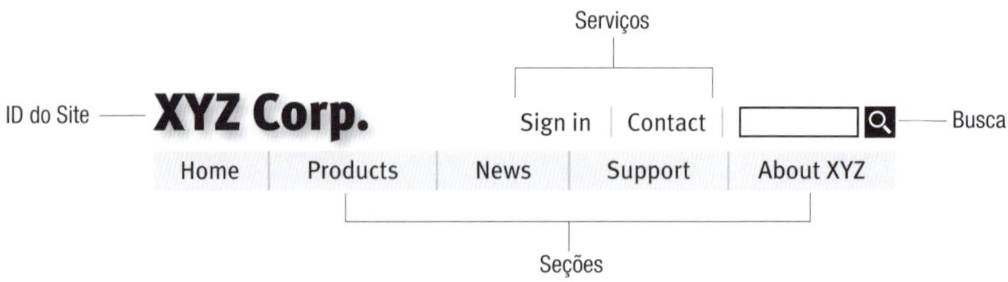

Bem, logo abordaremos cada um deles. Mas primeiro...

Eu disse todas as páginas?

Eu menti. Há uma exceção à regra "siga-me em todo lugar": formulários.

Em páginas nas quais um formulário precisa ser preenchido, a navegação global pode, às vezes, ser uma distração desnecessária. Por exemplo, quando estou pagando minhas compras em um site, você não quer que eu faça nada além de terminar de preencher o formulário. O mesmo vale para quando estou me cadastrando em algo, avaliando ou verificando preferências para personalização.

Para essas páginas, é útil ter uma versão mínima da navegação global com apenas a ID do site, um link para a home page e alguns utilitários que me auxiliem a preencher o formulário.

Agora eu sei que não estamos no Kansas

A ID do site ou seu logotipo funciona como o nome do prédio para um site. Na loja Sears, eu só preciso ver o nome na entrada. Assim que estiver dentro, saberei que ainda estou lá até que saia. Contudo, na web — onde o principal meio de viagem é o teletransporte —, preciso vê-lo em todas as páginas.

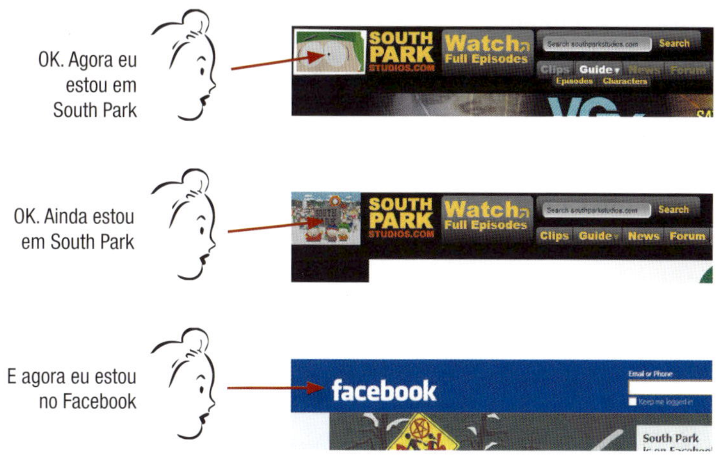

Da mesma forma que esperamos ver o nome do prédio em cima da sua entrada, também esperamos ver a ID do site no topo da página — geralmente no (ou pelo menos próximo do) canto superior esquerdo.[3]

Por quê? Porque a ID do site representa-o por inteiro, o que significa que é o degrau mais alto na hierarquia lógica da página.

Este site
 Seções deste site
  Subseções
   Sub-subseções etc.
    Esta página
     Áreas desta página
      Itens nesta página

E há duas formas de obter essa primazia por meio da hierarquia visual da página: torne-a a coisa mais proeminente na página ou faça-a emoldurar todo o resto.

Já que você não quer que a ID seja o elemento mais proeminente da página (exceto, talvez, na home page), o melhor lugar para ela — o lugar menos provável de me fazer pensar — é no topo, onde ela emoldure a página inteira.

Além de estar onde esperaríamos, a ID do site também precisa se *parecer* com uma ID de site. Isso significa que deve possuir os atributos que esperaríamos ver em um logotipo de uma marca ou em uma placa fora de uma loja: um tipo de letra diferente e um gráfico reconhecível em qualquer tamanho, de um botão a uma placa.

UNIVERSITY of VIRGINIA KAYAK NASA

3 *... em sites com leitura da esquerda para a direita.*

As Seções

As Seções — às vezes chamadas de *navegação primária* — são os links para as seções principais do site: a categoria mais alta da hierarquia da página.

Na maioria dos casos, a navegação global também incluirá espaço para exibir a *navegação secundária*: a lista de subseções na seção corrente.

Em outras situações, colocar o cursor sobre o nome da seção ou clicar nele faz abrir um menu suspenso. E, em outros, clicar o leva à primeira página da seção, na qual você encontrará a navegação secundária.

Os Serviços

Os Serviços são os links para elementos importantes do site, os quais não fazem parte da hierarquia de conteúdo.

Estes são links que podem me auxiliar a usar o site (como Entrar/Cadastre-se, Ajuda, Mapa do Site ou Carrinho de Compras) ou podem fornecer informações sobre quem o edita (como Sobre o Site ou Contato).

Da mesma forma que as placas para as instalações de uma loja, a lista dos Serviços deve ser um pouco menos proeminente que a de Seções.

Calçados

Sanitários ▶
◀ Telefones
◀ Atendimento
Embalagem ▶

Os Serviços irão variar de um site para outro. Para um site corporativo ou de compras, por exemplo, eles podem incluir qualquer um dos seguintes itens:

Sobre o Site
Arquivo
Fechar Carrinho
Informações
Contato
SAC
Painéis
Downloads

Catálogo
Fóruns
FAQs
Ajuda
Home Page
Investimentos
Como comprar
Oportunidades

Meu _____
Notícias
Rastreamento de pedidos
Imprensa
Política de privacidade
Cadastre-se

Pesquisa
Carrinho de Compras
Registre-se
Mapa do Site
Patrocínio
Sua Conta

Como regra geral, a navegação global pode acomodar apenas quatro ou cinco Serviços — aqueles de que os usuários precisarão com maior frequência. Se você tentar incorporar mais do que isso, eles podem vir a se perder no grupo. É possível agrupar os menos usados na home page.

Clique três vezes e diga "Não há lugar como nosso lar"

Um dos itens mais cruciais na navegação global é um botão ou link que o leve até a home page do site.

Ter um botão home page sempre à vista oferece a garantia de que não importa o quão perdido você esteja, sempre poderá começar de novo, ao pressionar o Reset ou usar um *habeas corpus*.

Quase todos os usuários esperam que a ID do site seja um botão que os leve de volta para a home page. Uma boa ideia é incluir o botão home page entre as seções principais do site.

Um modo de pesquisar

Dado o poder da pesquisa e o número de pessoas que preferem pesquisar a navegar, a menos que o site seja muito pequeno e bem organizado, todas as páginas deveriam ter ou uma caixa de busca ou um link para uma página de pesquisa. Além disso, a menos que haja muito pouca razão para pesquisa no seu site, ela deve ter uma caixa de busca.

Tenha em mente que, para uma grande porcentagem de usuários, o primeiro ato oficial ao encontrarem um novo site será examinar a página procurando algo que satisfaça algum destes três padrões:

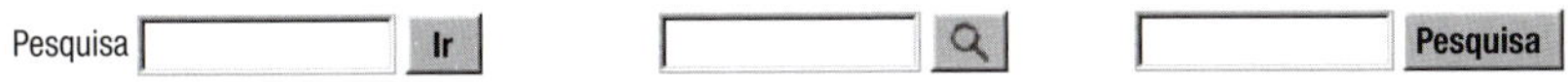

É uma fórmula simples: uma caixa, um botão e a palavra "Pesquisa" ou a já consagrada lupa. Não torne as coisas difíceis para os usuários — aplique a fórmula. Em especial, evite

- **Vocabulário rebuscado.** Eles estarão procurando pela palavra "Pesquisa", então use a palavra Pesquisa, não Encontrar, Busca Rápida ou Busca por Palavra-chave. (Se você usar "Pesquisa" como rótulo para a caixa, use a palavra "Ir" como nome do botão.)
- **Instruções.** Se você aplicar a fórmula, qualquer pessoa que tiver usado a web há alguns dias saberá o que fazer. Acrescentar "Digite uma palavra-chave" é como o "Deixe o seu recado após o sinal" na caixa postal do celular: Houve um tempo em que isso era necessário, mas agora soa pouco inteligente.
- **Opções.** Se houver alguma possibilidade de confusão acerca do escopo da pesquisa (o que está sendo pesquisado: o site, parte dele ou toda a web?), você certamente deve clarear essa questão.

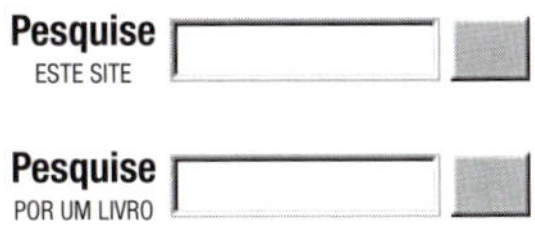

  Mas pense cuidadosamente antes de me dar opções para limitar o escopo (pesquisar apenas na seção atual do site, por exemplo). Seja bastante cauteloso com o fornecimento de opções sobre como especificar o que é pesquisado (pesquisa por título ou por autor, por exemplo, ou pesquisa pelo número da peça ou nome do produto).

Raramente há um caso em que o potencial retorno do acréscimo de opções na caixa de pesquisa valha o custo de descobrir quais são as opções e se é preciso usá-las (ou seja, faça-nos pensar).

Se você quiser oferecer a opção de determinar o escopo da pesquisa, faça isso apenas quando for útil — quando chegar na página de resultados da pesquisa e descobrir que pesquisar tudo trouxe resultados demais, de forma que se *precise* limitar o escopo.

Secundário, terciário e seja lá o que vier depois

Tem acontecido com tanta frequência que já até fico esperando: quando designers com os quais nunca trabalhei antes me enviam o projeto preliminar das páginas para que eu verifique questões de usabilidade, quase que invariavelmente recebo um fluxograma que mostra o site em até quatro níveis de profundidade...

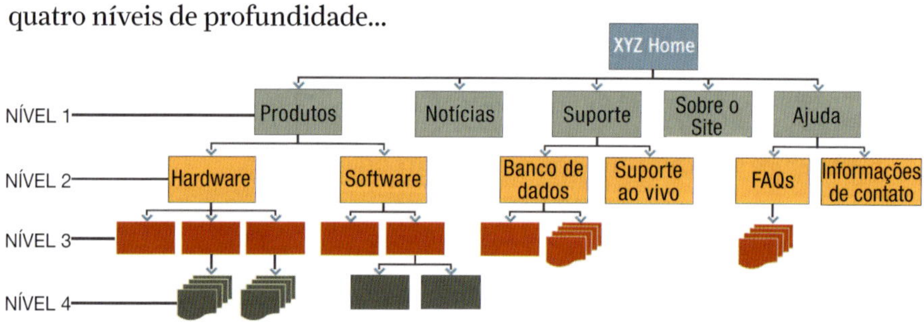

...e páginas de exemplo para a página inicial e os *dois* níveis superiores.

Home Page Seção Subseção

Sigo virando as páginas procurando mais, ou pelo menos o lugar onde eles tenham rabiscado "Alguma mágica acontece aqui", mas nunca encontro nem isso. Creio que esse seja um dos problemas mais comuns no web design (especialmente em sites maiores): não dar à navegação em nível mais baixo a mesma atenção que é dada à do topo. Em muitos sites, assim que você passa do segundo nível, a navegação se torna pior e *sem planejamento*. O problema é tão comum que é realmente difícil encontrar bons exemplos de navegação em terceiro nível.

Por que isso acontece?

Acredito que em parte porque uma boa navegação multinível seja difícil de projetar — dados a quantidade limitada de espaço na página e o número de elementos que têm de caber nela.

Em parte, porque os designers geralmente não têm tempo suficiente para imaginar nem os dois primeiros níveis direito.

Em parte porque não parece ser tão importante. (Afinal, o quão importante pode ser? Não é primário. Não é nem mesmo secundário.) E há uma tendência a se pensar que, quando as pessoas chegarem tão longe no site, já terão entendido como ele funciona.

Há, além disso, o problema de se conseguirem exemplos de conteúdo e de hierarquia para páginas de nível mais baixo. Mesmo se os designers pedirem, provavelmente não os conseguirão porque as pessoas responsáveis pelo conteúdo em geral não pensaram tão longe.

Entretanto, a realidade é que os usuários geralmente acabam gastando tanto tempo nas páginas de nível mais baixo quanto nas de nível mais alto e, a menos que você tenha realizado navegação top-to-bottom (de cima para baixo) desde o início, é muito difícil enxertá-la mais tarde e produzir algo consistente.

Moral da história? É vital ter páginas de exemplo que mostrem a navegação em todos os potenciais níveis do site antes de começar a discutir sobre o esquema de cores para a home page.

Nomes de páginas ou Por que eu adoro dirigir em Los Angeles

Se você já passou algum tempo em Los Angeles, entende que não se trata somente de uma música do grupo punk X — L.A. é realmente uma grande autoestrada e, devido ao fato de as pessoas de lá levarem a direção a sério, possui as melhores placas de rua que já vi. Em Los Angeles,

- **As placas de rua são grandes.** Quando você está parado em um cruzamento, consegue ler a placa da rua seguinte.
- **Elas estão no lugar certo** — dependuradas sobre a rua na qual você está dirigindo, de modo que tudo o que tem de fazer é dar uma olhada rápida.

Admito que gosto desse tipo de tratamento porque sou de Boston, onde você pode se considerar uma pessoa de sorte se conseguir ler a placa da rua enquanto ainda houver tempo para fazer a curva.

Los Angeles

Boston

O resultado? Quando estou dirigindo em Los Angeles, gasto menos energia e atenção para saber onde estou e mais com o trânsito, a conversa e a escutar o *All Things Considered*. Adoro dirigir em L.A.

Os nomes das páginas são as placas de rua da web. Da mesma forma que estas, quando as coisas estão bem, posso não perceber os nomes das páginas mas, assim que começo a achar que talvez não esteja indo na direção correta, preciso poder ver o nome da página sem esforço, de modo que consiga me orientar.

Há quatro coisas que você precisa saber sobre nomes de páginas:

- **Todas as páginas precisam de um nome.** Da mesma forma que cada esquina deve ter uma placa de sinalização, cada página deve ter um nome.

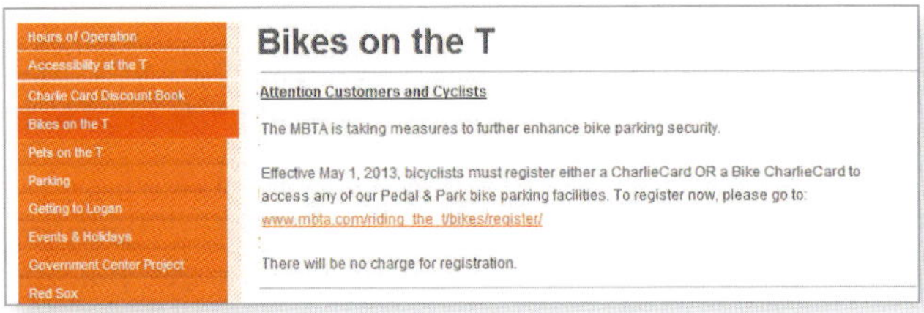

  Os designers às vezes pensam: "Bem, já destaquei o nome da página na navegação. Isto basta". Essa é uma ideia tentadora, porque pode economizar espaço e é um elemento a menos para se trabalhar na organização da página, mas não é boa o suficiente. Você precisa de um nome também.

- **O nome precisa estar no lugar certo.** Na hierarquia visual da página, o nome dela deve parecer estar englobando o conteúdo que seja único a essa página. (Afinal, é para isso que serve a nomenclatura — não a navegação ou as propagandas, que são apenas a infraestrutura.)

- **O nome precisa ser proeminente.** Você quer que a combinação de posição, tamanho, cor e fonte façam o nome dizer "Esta é o cabeçalho da página inteira". Na maioria dos casos, será o maior texto da página.

- **O nome precisa equivaler ao clique.** Embora ninguém nunca mencione isso, todos os sites fazem um contrato social implícito com seus visitantes:

  O nome da página equivalerá às palavras nas quais cliquei para chegar lá.

Em outras palavras, se eu clicar em um link ou botão que diga "Purê de batatas", o site me levará a uma página chamada "Purê de batatas".

Pode parecer trivial, mas é, na verdade, um acordo crucial. Cada vez que um site o viola, sou obrigado a pensar, mesmo que por apenas milissegundos, "Por que essas duas coisas são diferentes?" e, se houver uma discrepância grande entre os nomes do link e da página ou ainda muitas discrepâncias menores, minha confiança no site — e na competência das pessoas que o editaram — será abalada.

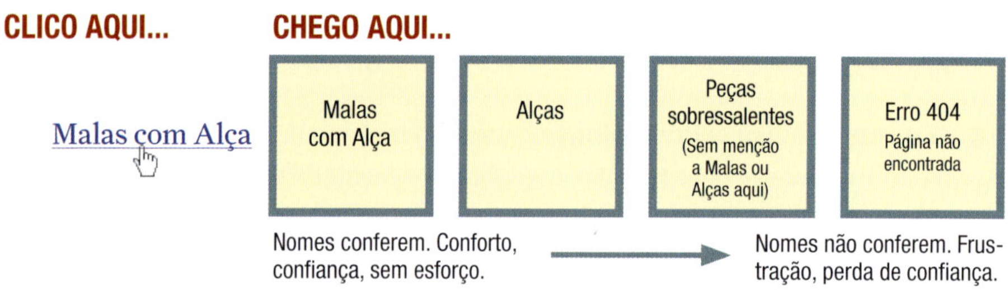

É claro que, às vezes, você tem de realizar um ajuste, geralmente devido à falta de espaço. Se as palavras nas quais eu clicar e o nome da página não equivalerem exatamente, o importante é que (a) elas sejam tão equivalentes quanto possível e (b) o motivo para essa diferença seja óbvio. Por exemplo, se eu clicar nos botões com rótulo "Presentes para Ele" e "Presentes para Ela", obtenho páginas como "presentes para homens" e "presentes para mulheres".

A nomenclatura não é idêntica, porém elas parecem ser tão equivalentes que nem fico tentado a pensar na diferença.

“Você está aqui”

Uma das formas por meio das quais a navegação pode contrabalancear o sentimento de “perdido no espaço” inerente à web é me mostrando onde estou em um esquema da mesma forma que um indicador “Você está aqui” no mapa de um shopping center — ou parque.

Na web, isso é feito destacando-se minha localização corrente em barras, listas ou menus navegacionais que apareçam na página.

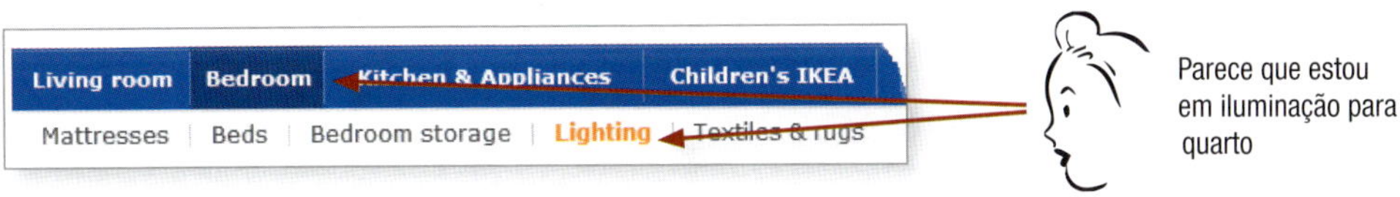

Neste exemplo, a seção (Bedroom — Quarto) e a subseção (Lighting — Iluminação) correntes estão ambas “marcadas”.

Há diversas maneiras de destacar a localização corrente:

Colocar um ponteiro próximo a ela	Alterar a cor do texto	Usar texto em negrito	Inverter o botão	Alterar a cor do botão
Esportes	Esportes	Esportes	Esportes	Esportes
Negócios	Negócios	Negócios	Negócios	Negócios
▸ Entretenimento	Entretenimento	**Entretenimento**	Entretenimento	Entretenimento
Política	Política	Política	Política	Política

A falha mais comum dos indicadores "Você está aqui" é que eles são sutis demais. Eles precisam se destacar, caso contrário perderão seu valor como dica visual e acabarão aumentando a confusão na página. Uma forma de assegurar-se de que eles se destaquem é aplicando mais de uma distinção visual — por exemplo, uma cor diferente e um texto em negrito.

Dicas visuais muito sutis são um problema bastante comum. Os designers adoram dicas sutis, porque a sutileza é uma das características da sofisticação. Contudo, os usuários estão quase sempre com tanta pressa que, muitas vezes, não as veem.

De maneira geral, se você for um designer e achar que uma dica visual está chamando muita atenção, isso provavelmente significa que deve torná-la duas vezes mais proeminente.

Migalhas de pão

Como os indicadores “Você está aqui”, migalhas de pão lhe mostram onde você está.

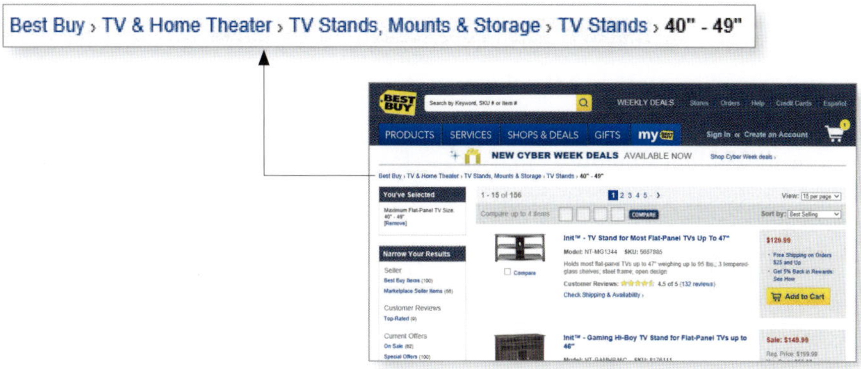

Elas são chamadas migalhas de pão porque lembram a trilha de migalhas que João atirava na floresta para que ele e Maria encontrassem o caminho de volta para casa.[4]

Migalhas de pão lhe mostram o caminho desde a home page até onde você está e facilitam na hora de voltar para os níveis mais altos da hierarquia do site.

Por muito tempo, migalhas de pão eram uma excentricidade, encontradas apenas em sites com enormes bancos de dados e incontáveis níveis de hierarquia. Hoje em dia, entretanto, elas aparecem em mais e mais sites, às vezes no lugar de uma navegação cuidadosamente planejada.

4 N. E.: *Do conto João e Maria.*

Feitas corretamente, migalhas de pão são autoexplicativas, não ocupam muito espaço e oferecem um caminho consistente e conveniente para fazer duas das coisas que mais são feitas: voltar ou ir para a home page. Elas funcionam melhor em sites com muitos níveis de hierarquia.

Aqui estão algumas melhores práticas para implementá-las:

- **Coloque-as no topo.** Migalhas parecem funcionar melhor se estiverem no topo da página, acima de todo o resto. Acho que isso talvez aconteça porque ela literalmente as margeia — fazendo com que elas se pareçam um acessório, como números de páginas em um livro ou uma revista.
- **Use > entre níveis.** Tentativa e erro parecem ter mostrado que o melhor separador entre níveis é o caractere de "maior que" (>), talvez por sugerir visualmente o movimento em frente através dos níveis.
- **Coloque o último item em negrito.** O último item da lista deve ser o nome da página atual, e o negrito confere a proeminência que ele merece. E, por ser a página em que você está, naturalmente não será um link.

Três motivos pelos quais eu *ainda* amo abas

Não pude provar (ainda), mas tenho uma grande suspeita de que Leonardo da Vinci inventou os divisores de abas em algum momento no final do século XV. À medida que as interfaces são ultrapassadas, elas constituem claramente o produto de um gênio.

Abas são um dos poucos casos em que usar uma metáfora física em uma interface de usuário realmente funciona. Como abas divisórias em um fichário ou abas em pastas em uma gaveta de arquivos, elas dividem o que quer que seja em seções. Além disso, facilitam a abertura de uma seção por meio de suas abas (ou, no caso da web, clicando nelas).

Acho que elas são uma excelente escolha de navegação para sites grandes. Aqui está o porquê:

- **São autoevidentes.** Nunca vi alguém — não importa o quão "analfabeto digital" fosse — olhar uma interface com abas e dizer "Hmm. O que será que *elas* fazem?".
- **São difíceis de não serem vistas.** Quando realizo testes de usabilidade do tipo apontar e clicar, surpreendo-me com a frequência com que as pessoas conseguem não ver barras de botões no topo de uma página, mas, pelo fato de as abas serem tão evidentes visualmente, são difíceis de não serem vistas. Além disso, pelo fato de serem difíceis de confundir com qualquer coisa *que não seja* navegação, elas criam o tipo de divisão óbvia-ao-primeiro-olhar, que você deseja entre a navegação e o conteúdo.
- **São agradáveis.** Os web designers estão sempre lutando para tornar as páginas mais visualmente atraentes. Se feitas da forma correta, as abas podem adicionar acabamento e servir a um propósito útil.

Se você for usar abas, porém, deve fazer da maneira correta.

Para as abas terem efeito máximo, os gráficos devem criar a ilusão visual de que a aba ativa está na frente das outras. Esse é o principal passo que faz com que pareçam abas — até mesmo mais do que o formato distinto de aba.

Para criar essa ilusão, a aba ativa precisa ser de uma cor diferente ou de um tom contrastante e tem de se conectar fisicamente com o espaço abaixo dela. É isso que faz a aba ativa "saltar para frente".

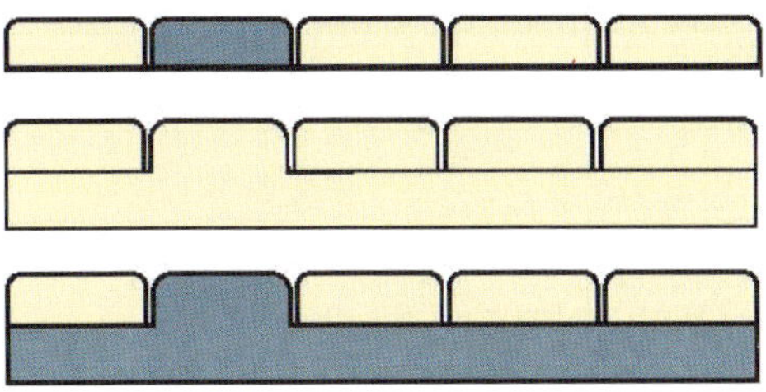

RUIM: Não conecta, não salta.

MELHOR: Conecta, porém sem contraste.

MELHOR DE TODAS: Está vindo na sua direção.

Experimente o teste do porta-malas

Agora que você gosta de todas as peças em movimento, está pronto para experimentar meu teste ácido de boa navegação. Aqui está como ele funciona:

Imagine que você foi vendado, preso no porta-malas de um carro, conduzido por algum tempo e largado em uma página nas profundezas de um site. Se a página for bem projetada, quando a venda for retirada, você deve ser capaz de responder a estas questões sem hesitação:

- Que site é este? (ID do site)
- Em qual página estou? (Nome da página)
- Quais são as principais seções desta página? (Seções)
- Quais são minhas opções neste nível? (Navegação local)
- Onde eu estou no esquema das coisas? (Indicadores "Você está aqui")
- Como eu posso realizar uma pesquisa?

Por que a inspiração em *Os Bons Companheiros*? Porque é muito fácil esquecer que a experiência na web é, muitas vezes, mais ser forçado a fazer algo que não quer do que caminhar pelo parque. Quando você está projetando páginas, é tentado a pensar que as pessoas chegarão nelas começando pela home page e seguindo os caminhos precisos que você traçou. Contudo, a realidade é que somos muitas vezes jogados no meio de um site sem ter ideia de onde estamos em função de seguirmos um link de um mecanismo de busca ou de outro site e nunca termos visto o esquema de navegação dele antes.

E a venda? Você quer que sua visão fique um pouco borrada, pois o teste verdadeiro não consiste em você conseguir descobri-lo tendo tempo suficiente ou examinando de perto. O padrão precisa ser que esses elementos sejam tão claros que não importe se você estiver olhando de perto ou não. Você quer se basear apenas na aparência geral das coisas, não nos detalhes.

Aqui está como você executa um teste de porta-malas:

Passo 1: Escolha uma página aleatoriamente em qualquer lugar do site e a imprima.

Passo 2: Segure-a à distância de um braço ou incline-a de modo que não possa estudá-la de perto.

Passo 3: Tão rapidamente quanto possível, tente encontrar e circule cada item da lista abaixo. (Você não encontrará todos os itens em todas as páginas.)

- ID do site
- Nome da página
- Seções e subseções
- Navegação local
- Indicador(es) "Você está aqui"
- Pesquisa

Tente isso no seu próprio site e veja se dá certo. Depois peça a alguns amigos que tentem. Os resultados podem ser surpreendentes.

capítulo

7

A Grande explosão do web design

A IMPORTÂNCIA DE COMEÇAR COM O PÉ DIREITO

Lucy, você me deve explicações.

—DESI ARNAZ, COMO RICKY RICARDO

Criar uma homepage frequentemente me lembra do clássico game show da TV americana dos anos 1950 *Beat the Clock*.

Cada participante ouvia pacientemente enquanto o apresentador Bud Collyer explicava a prova a ser realizada. Por exemplo, "Você tem 45 segundos para estourar cinco bexigas d'água no coador amarrado à sua cabeça."

Bud Collyer oferece palavras de encorajamento para um bravo participante

As provas sempre pareciam complicadas, mas realizáveis com um pouquinho de sorte.

Entretanto, assim que o participante estivesse pronto para começar, Bud acrescentava: "Ah, mas há um detalhe: você terá de fazer isto... de olhos vendados" ou "... debaixo d'água" ou "... em outra dimensão".

É assim com a home page. Quando você pensa que deu conta de tudo, aparece *mais... uma... coisinha*.

Pense a respeito de tudo que a home page deve acomodar:

- **Identidade e missão do site.** De início, a home page tem de me dizer o que é o site e ao que ele se propõe — e, se possível, por que eu devo continuar nele em vez de procurar algum outro site.

- **Hierarquia do site.** A homepage precisa fornecer uma visão geral do que o site tem a oferecer — tanto em conteúdo ("O que eu posso encontrar aqui?") quanto em recursos ("O que eu posso fazer aqui?") — e como tudo isso está organizado, o que é normalmente identificável em uma navegação global.

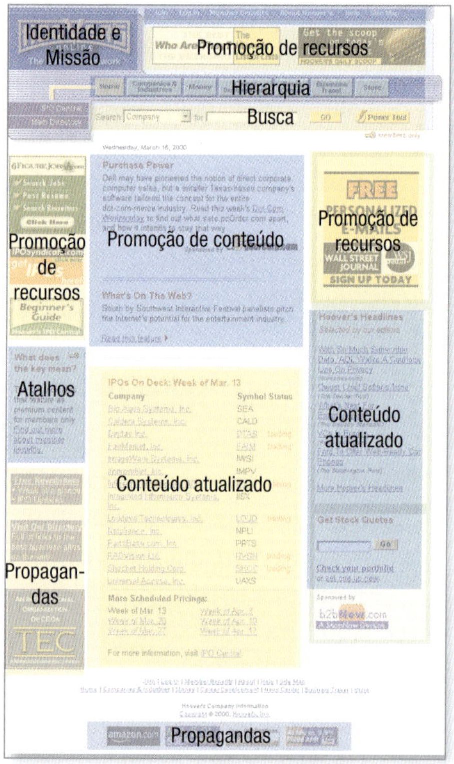

- **Busca.** A maioria dos sites precisa ter uma ferramenta de busca proeminente na homepage.
- **Teases.** Como a capa de uma revista, a homepage precisa atrair com dicas de que o site tem "coisa da boa".
- **Promoção de conteúdo** destacando o que há de mais novo, melhor ou mais popular, como "as mais lidas" e "as melhores ofertas".
- **Promoção de recursos** que convidem a explorar seções adicionais do site ou experimentar seus recursos.
- **Conteúdo atualizado.** Se o sucesso do site depende da minha visita regular, é necessário atualizar a homepage com frequência. E mesmo sites que não necessitem de visitas regulares precisam dar sinais de vida — mesmo que seja somente um link para um press release recente — a fim de certificar que não está abandonado ou defasado.
- **Negócios.** A home page precisa de um espaço destinado a patrocinadores, ofertas cruzadas e acordos que tenham sido feitos.

- **Atalhos.** Os conteúdos acessados com mais frequência (atualização de software, por exemplo) talvez mereçam atalhos na homepage para evitar que as pessoas percam tempo caçando-os.
- **Registro.** Se o site usa registro, a home page precisa de links ou caixas de texto para novos usuários se registrarem e antigos realizarem o login, além de uma maneira de informar a eles que estão logados ("Bem-vindo de volta, Steve Krug").

Além dessas necessidades, a home page precisa ir ao encontro dos seguintes objetivos abstratos:

- **Mostrar-me o que estou procurando.** A home page deve esfregar na minha cara como chegar aonde eu quero — onde quer que essa informação esteja no site.
- **...e o que eu *não* estou procurando.** Da mesma forma, a home page precisa me expor a coisas que eu não esteja procurando, mas que, eventualmente, poderiam despertar o meu interesse.
- **Mostrar-me por onde começar.** Não há nada pior do que estar em uma homepage sem ter a menor ideia de por onde começar.
- **Estabelecer confiança e credibilidade.** A homepage será a sua única chance de causar boa impressão em alguns visitantes.

E você terá de fazer isto...de olhos vendados

Como se já não fosse aterrorizante o bastante, tudo isso deve ser feito sob condições adversas. Aqui estão algumas das restrições mais comuns:

- **Todo mundo quer um pedaço do bolo.** Como está propensa a ser a página mais visualizada do site — e muitas vezes a única página a ser visualizada —, aquilo que obtiver destaque na homepage tende a ter um tráfego significativamente maior.

  Como resultado, a homepage é a zona portuária de propriedade da web: é a propriedade mais desejada, e conta com uma oferta muito limitada. Todo mundo que tenha participação no site quer uma propaganda ou um link para sua seção na homepage, e as batalhas territoriais pela visibilidade nela podem ser violentas. Às vezes, quando vejo uma página inicial, sinto-me como o garoto em *O Sexto Sentido*: "Eu vejo gente morta".

"University Website" | xkcd.com

O design de acordo com quem detém aplicações financeiras.

O diagrama de Venn não é 100% preciso: alguns sites de universidades não têm o nome completo da instituição na homepage.

Além disso, dada a tendência da maioria dos usuários de ir até o rodapé da página em busca de um link que os interesse, o comparativamente curto montante de espaço "acima da dobra" na home page é a zona portuária preferencial, disputada ainda mais furiosamente.

- **Panela que muito se mexe.** Por ser tão importante, a homepage é onde todo mundo (inclusive o CEO) dará sua opinião.
- **Tamanho único.** Diferente das demais páginas, a home page tem de atrair todo mundo que visite o site, independente do quão diferentes sejam os seus interesses.

A Primeira Baixa da Guerra

Dado tudo que a home page tem de consumar, se um site for absolutamente complexo, nem mesmo o melhor designer de home page poderá fazê-lo. Projetar uma home page envolve denominadores comuns, e, à medida que estes são solucionados, há inevitavelmente algumas perdas na bagunça.

A única coisa que você não pode permitir que se perca na bagunça — e que volta e meia se perde — é **transmitir a visão global**. Sempre que alguém me pede para examinar um design de home page, já imagino o que me espera: eles não deixaram claro o bastante *em que consiste o site.*

A homepage tem de responder, o mais rápido e claramente possível, às quatro perguntas que tenho em mente quando acesso um site pela primeira vez:

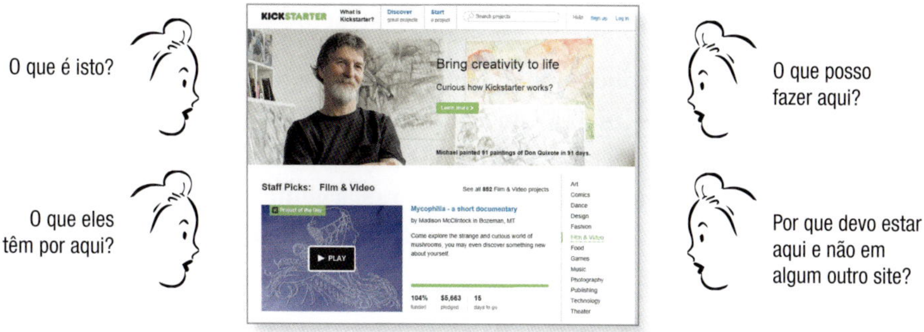

Preciso estar apto a responder a essas questões num piscar de olhos, corretamente e sem despender muito esforço.

Se não está claro para mim à primeira vista, o resto da interpretação será ainda mais difícil, e as chances de eu me frustrar ou entender algo errado são bem grandes.

Se eu, entretanto, entender "de primeira", estou muito mais propenso a interpretar corretamente tudo que eu vir na página, o que aumenta e muito minhas chances de ter uma experiência agradável e bem-sucedida.

É isso que chamo de Cosmologia do Web Design. Como a *Teoria do Big Bang*, ela é baseada na ideia de que os primeiros segundos que você passa num site são cruciais.

Nós sabemos agora a partir de um experimento deveras elegante que muita coisa acontece assim que você abre um site. Por exemplo, você dá uma breve olhada ao redor (coisa de milissegundos) e cria uma porção de impressões gerais: parece bonito? Há muito ou pouco conteúdo? Há divisões bem definidas na página? Quais o atraem?

O mais interessante sobre esse experimento foi o fato de eles mostrarem que essas impressões iniciais tendiam a ser bastante similares às impressões que as pessoas tiveram após passar um pouco mais de tempo navegando pela página. Em outras palavras, a gente faz julgamentos na base do estalo, mas eles tendem a ser indicadores confiáveis das nossas avaliações mais aprofundadas.

Isso não significa que a nossa compreensão inicial das coisas está sempre correta. Na verdade, algo que vejo bastante nos testes de usabilidade é o fato de as pessoas criarem ideias sobre o que as coisas são e como elas trabalham, o que está simplesmente errado. Então usam essas migalhas de "conhecimento" para ajudar na interpretação de tudo mais que veem.

Se as suas primeiras suposições estiverem erradas ("Este é um site para ___"), elas começam a impor/encaixar tal explicação em tudo que encontrarem. E, se isso estiver errado, acabarão criando novas interpretações erradas. Se estiverem perdidas logo de cara, as pessoas acabarão ficando mais e mais... perdidas.

É por isso que é fundamental que o primeiro passo seja dado com o pé direito, dando-lhes a certeza de que estão no caminho certo.

Não me leve a mal: todo o resto é importante. Você *realmente precisa* me impressionar, me motivar, me direcionar e me expor às suas ideias. Mas isso não escapulirá entre a multidão; sempre haverá uma parcela das pessoas — dentro ou fora da equipe de desenvolvimento — vendo o que eles acabaram de fazer. Tão comum também é ninguém possuir um grande interesse em questionar os pontos principais.

AS QUATRO MAIORES DESCULPAS PLAUSÍVEIS PARA NÃO TRANSMITIR A VISÃO GLOBAL NA HOMEPAGE

Quando você está envolvido no projeto de um site, é tão óbvio para você o que está oferecendo e o quão grandioso ele está que se torna difícil lembrar que isso pode não ser tão óbvio assim para todo mundo.

Poucas pessoas evitarão o site por conta de verem a mesma explicação toda vez que o acessarem — a menos que ela ocupe meia página. Pense a respeito: mesmo que você saiba o que significa UFRJ, você se sentiria ofendido ao ver "Universidade Federal do Rio de Janeiro" próximo ao logo em caracteres pequenos?

É tentador pensar que as pessoas que não "captarem" o seu site provavelmente não são o seu público de verdade, mas há controvérsias.

Quando testamos sites, não é tão incomum ter pessoas dizendo "Oh, é para isso que serve? Eu uso o site o tempo todo, mas não me parecia claro para que isso servia".

Mesmo que as pessoas tenham visto e entendido a sua propaganda — seja na TV, no rádio, na web ou em mídia impressa —, será que vão se lembrar exatamente de tudo quando acessarem o site?

Mas... a homepage? Sério?

Eu sei que muitos estão pensando:

"Ninguém mais entra num site por meio da homepage. Isso é tão 2004."

E você tem razão. Em comparação aos primórdios da web, a homepage perdeu sua primazia. Agora as pessoas tendem a somente – ou na maioria das vezes – acessar o seu site clicando em um link num e-mail, blog ou em uma rede social que as direcione a uma página nas profundezas do seu site.

Por conta disso, toda página do seu site deve fazer o possível para orientar as pessoas corretamente: fornecendo-lhes uma ideia verdadeira de quem você é, do que faz e do que o site em si tem a oferecer.

O problema, no entanto, é que não há muito espaço na maioria das páginas para que se faça isso corretamente. Como resultado, muitos usuários adquiriram um novo comportamento.

As pessoas se teletransportarão às profundezas do site e visualizarão a página para a qual o link clicado as redirecionou. Não raro, porém, o próximo passo delas será visitar a home page para obter coordenadas. (Gosto de pensar na figura do mergulhador, que emerge à superfície a fim de ver onde se encontra.) Se a página que visualizarem for interessante o bastante, provavelmente desejarão conhecer o resto do site. Se continha a informação necessária, terão interesse em descobrir quem está por trás dela e o quanto ela é confiável.

A home page ainda é o lugar onde isso acontece, e você precisa fazer com que isso ocorra de modo correto.

Como se comunicar claramente

Tudo que estiver na home page pode contribuir para o nosso entendimento acerca do site. Mas há três lugares em especial onde a gente espera encontrar afirmações nítidas a respeito do site.

- **Slogan (ou tagline).** Alguns dos bits mais valiosos estão localizados no espaço imediatamente abaixo da ID do site. Quando vemos uma frase visualmente conectada a ela, sabemos que se trata de um slogan, então o lemos e o entendemos como uma descrição do site. Veremos isso detalhadamente na próxima seção.

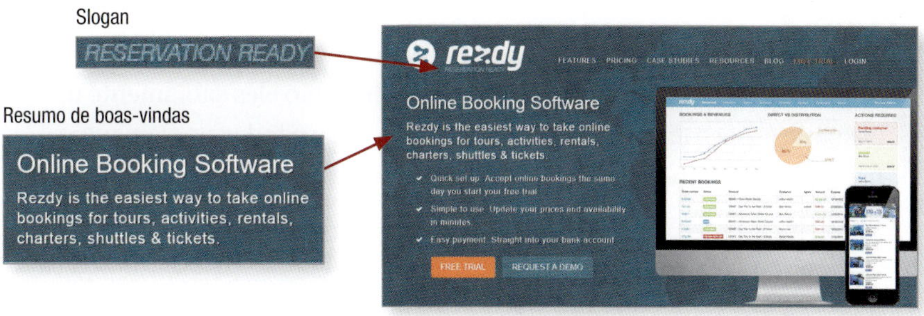

- **Resumo de boas-vindas.** O resumo de boas-vindas é uma compacta descrição do site, exibida de maneira proeminente na home page, em geral no canto superior esquerdo ou no centro do espaço dedicado ao conteúdo, os primeiros lugares para onde direcionamos os olhares.

- **"Saiba mais".** Produtos e modelos de negócio inovadores tendem a requerer certa explicação para as pessoas que tiverem paciência para ler. As pessoas, entretanto, acostumaram-se a assistir a pequenos vídeos em seus computadores e dispositivos móveis. Como resultado, elas agora esperam um pequeno vídeo explicativo na maioria dos sites e quase sempre assistem a eles.

A questão é que não é todo mundo que usará os três elementos — ou sequer os notará. A maioria dos usuários, provavelmente, tentará adivinhar sobre o que trata o site somente pelo conteúdo exibido na homepage. Mas, se você não conseguir adivinhar, desejará que haja algum lugar na página onde possa descobrir essa informação.

Aqui estão algumas diretrizes para comunicar-se com clareza:

- **Use o máximo de espaço necessário.** A tentação diz para não usarmos nenhum espaço porque (a) você não pode imaginar que alguém não seja capaz de entender do que se trata o site e (b) todo mundo faz barulho a respeito dos propósitos dos espaços na homepage.

  Tomemos o Kickstarter.com como exemplo. Devido à sua proposta original, Kickstart tem muito o que explicar, então eles sabiamente usam bastante espaço da homepage para fazê-lo. Quase todos os elementos presentes ajudam na explicação ou reforçam a proposta do site.

Kickstarter pode não ter slogan (a menos que seja "Bring creativity to life" — Trazendo a criatividade à vida), mas eles se esforçam com brilhantismo para fazer com que as pessoas compreendam o que são e como funcionam.

"What is Kickstarter?" — O que é o Kickstarter? — está claramente no item mais proeminente da navegação primária.

- **...mas não use mais espaço que o necessário.** Para a maioria dos sites, não há necessidade de utilizar muito espaço para transmitir a proposta básica e mensagens que tomam conta da home page por completo acabam sendo informação demais para as pessoas absorverem. Seja breve — estenda-se somente o bastante para se fazer compreender, nada além disso. Não se sinta compelido a mencionar cada grande recurso, somente alguns dos principais.

- **Não use a missão do site como boas-vindas.** Muitos sites enchem suas homepages com missões corporativas que parecem ter sido escritas por uma candidata a Miss Universo. "A empresa XYZ oferece soluções de primeiro mundo no desenvolvimento de blá blá blá blá blá..." Ninguém lê isso.
- **É uma das coisas mais importantes para testar.** Você não pode confiar no seu próprio julgamento sobre isso. É necessário mostrar a homepage para pessoas de fora da sua organização a fim de que lhe digam se o design está cumprindo o papel porque o ponto-chave é justamente aquele que ninguém de dentro da organização irá reparar que está faltando.

Nada supera um bom slogan!

Um slogan é uma frase torta que caracteriza o negócio como um todo, resumindo o que ele é e o que o torna tão bom. Slogans existem há bastante tempo na propaganda, no entretenimento e em publicações. "Milhares de carros pelos menores preços", "Mais estrelas aqui do que no céu"[1] e "Todas as notícias que pudermos publicar"[2], por exemplo.

Num site, o slogan aparece imediatamente abaixo, acima ou ao lado da ID do site.

Slogans são formas eficientes de fazer-se entendido, pois estão no local da página onde os usuários mais esperam encontrar informações concisas sobre o propósito do site.

---

1 *Estúdios da Metro-Goldwyn-Mayer, nas décadas de 1930 e 1940.*

2 The New York Times. *Devo confessar que prefiro a paródia da* Mad*: "Todas as notícias que pudermos, nós publicamos".*

Alguns atributos a serem observados quando for escolher um slogan:

- Bons slogans são **claros** e **informativos**, além de explicarem exatamente o que o site é ou o que a empresa faz.

- Bons slogans são **longos o bastante, nunca longos demais**. Seis a oito palavras parecem ser boas o suficiente para transmitir uma ideia por completo, mas ideais para serem absorvidas com facilidade.

- Bons slogans **transmitem diferenciação** e benefícios claros. Jakob Nielsen sugere que um slogan campeão é aquele que ninguém além de você poderia usar, e acho esta uma excelente maneira de pensar.

- Slogans ruins soam **genéricos**.

A NationalGrid poderia muito bem usar um lema em vez de um slogan, visto que são um serviço de utilidade pública com público cativo, o que torna a diferenciação algo irrelevante

Não confunda slogan com lema, como "We bring good things to life", "You're in good hands" ou "Para servir e proteger". Um lema expressa um princípio, uma meta ou um ideal, enquanto o slogan resume uma proposta de valor. Lemas são imponentes e reconfortantes, mas, se eu não souber do que se trata, um lema não irá me informar isso.

- Bons slogans são **pessoais**, **vívidos** e, por vezes, **espirituosos**. Espirituosidade é algo positivo, desde que auxilie — não oculte — o benefício.

Slogan? Nós não precisamos da porcaria de um slogan

Alguns sites podem sobreviver sem um slogan. Por exemplo:

- O número limitado de sites que já conquistou status a nível mundial.
- Sites que já são bastante conhecidos por suas origens offline.

Pessoalmente, no entanto, argumento que mesmo *esses* sites poderiam obter os benefícios de ter um slogan. Afinal de contas, não interessa o quão conhecido você é, por que passar adiante uma modesta chance de dizer às pessoas o motivo de ser bom elas estarem no seu site? E mesmo que o site venha de uma forte marca offline, a missão online nem sempre é a mesma, sendo, portanto, importante explicar a diferença.

A quinta questão

Uma vez que sei o que vejo, ainda há uma pergunta importante a que a home page deve responder:

Quando eu entro num site novo, depois de uma breve olhada na home page, devo estar apto a dizer com certeza:

- É aqui que devo ir caso queira fazer uma pesquisa.
- É aqui que devo ir caso queira navegar.
- É aqui que devo ir caso queira uma amostra do que eles têm a oferecer.

Em sites construídos em torno do processo passo a passo (financiamento para a compra da casa própria, por exemplo), o ponto de entrada deve destacar-se. E em sites nos quais preciso fazer registro caso seja um novo usuário ou então login caso não seja a primeira visita, o Registre-se e o Entre devem estar proeminentes.

Infelizmente, a necessidade de promover *tudo* (ou no mínimo tudo que dê suporte ao modelo de negócio da semana corrente) acaba por vezes ocultando esses pontos de entrada. Pode ser difícil encontrá-los quando a página estiver repleta de propagandas do tipo "Clique aqui!" ou "Não, clique *aqui* primeiro!".

A melhor maneira de evitar que isso aconteça é fazer com que seus pontos de entrada pareçam pontos de entrada (em outras palavras, fazer com que a barra de pesquisa pareça uma barra de pesquisa e a lista de seções pareça uma lista de seções). Também é útil nomeá-los da maneira correta, com palavras como "Procure", "Procurar por categoria", "Entre" e "Comece aqui" (para um processo de passo a passo).

Uma nota sobre a galinha dos ovos de ouro

Há algo sobre a home page que parece inspirar comportamento limitado. Quando vou a encontros sobre design de homepage, volta e meia flagro a frase "matar a galinha dos ovos de ouro" percorrendo a minha cabeça[3].

O pior desse tipo de comportamento, obviamente, é a tendência a tentar promover todo o tipo de coisa.

O problema de promover informações na home page é que isso realmente funciona. Qualquer coisa com um link destacado na home page tem garantia de maior tráfego, o que leva os demais envolvidos no site a pensar "Por que diabos eu não tenho um?".

---

3 *Sempre pensei que a frase tivesse vindo da história* João e o Pé de Feijão. *De fato, o gigante tinha uma galinha que botava ovos de ouro, mas ninguém tentava matá-la. O abate sem sentido ocorre em uma fábula de Esopo cuja moral é "Quem tudo quer tudo perde".*

O problema é que as recompensas e os custos de adicionar mais coisas à home page não são equivalentes. A seção promovida obtém ganho no tráfego, enquanto a perda geral na eficácia da homepage, à medida que se torna mais confusa, é dividida por todas as demais seções.

É um exemplo perfeito da tragédia dos comuns[4]. A premissa é simples:

Qualquer recurso compartilhado será inevitavelmente destruído pelo sobreuso.

Uma pastagem, por exemplo. Para cada animal que o pastor adicionar ao pasto, ele recebe todo o benefício da venda do animal — um benefício de +1. Mas o impacto negativo de adicionar um animal — sua contribuição para o sobrepastoreio — é dividida por todos, então o impacto individual do pastor é de -1.

O único caminho sensato para o pastor é adicionar outro animal ao rebanho. E outro, e outro — preferencialmente, antes que alguém o faça. E, desde que cada pastor racional chegue à mesma conclusão, os comuns são destruídos.

Resguardar a homepage de uma sobrecarga de anúncios requer constante vigilância uma vez que isso costuma acontecer gradualmente, com a lenta e inexorável adição de apenas... mais... uma... coisinha.

Todos os envolvidos precisam ser ensinados a respeito do perigo do sobrepastoreio na homepage e é necessário oferecer a eles métodos de ganho de tráfego, como promoção cruzada de outras páginas populares ou revezamento de um mesmo espaço na homepage.

---

[4] *O conceito, gerado pelo matemático do século XIX William Forster Lloyd, foi popularizado no clássico ensaio do biólogo Garrett Hardin sobre a superpopulação ("The Tragedy of the Commons"* Science, *Dezembro de 1968).*

capítulo

8

"O rancheiro e o fazendeiro devem ser amigos"

POR QUE AS BRIGAS SOBRE USABILIDADE SÃO UMA PERDA DE TEMPO E COMO EVITÁ-LAS

Um homem gosta de empurrar um arado
O outro gosta de perseguir uma vaca
Mas isso não é razão para que eles não possam ser amigos!

—*OKLAHOMA!*, OSCAR HAMMERSTEIN II

Deixadas ao Deus dará, as equipes de desenvolvimento web não são muito bem-sucedidas em tomar decisões sobre questões relacionadas à usabilidade. A maioria das equipes acaba gastando um tempo precioso discutindo os mesmos problemas repetidas vezes:

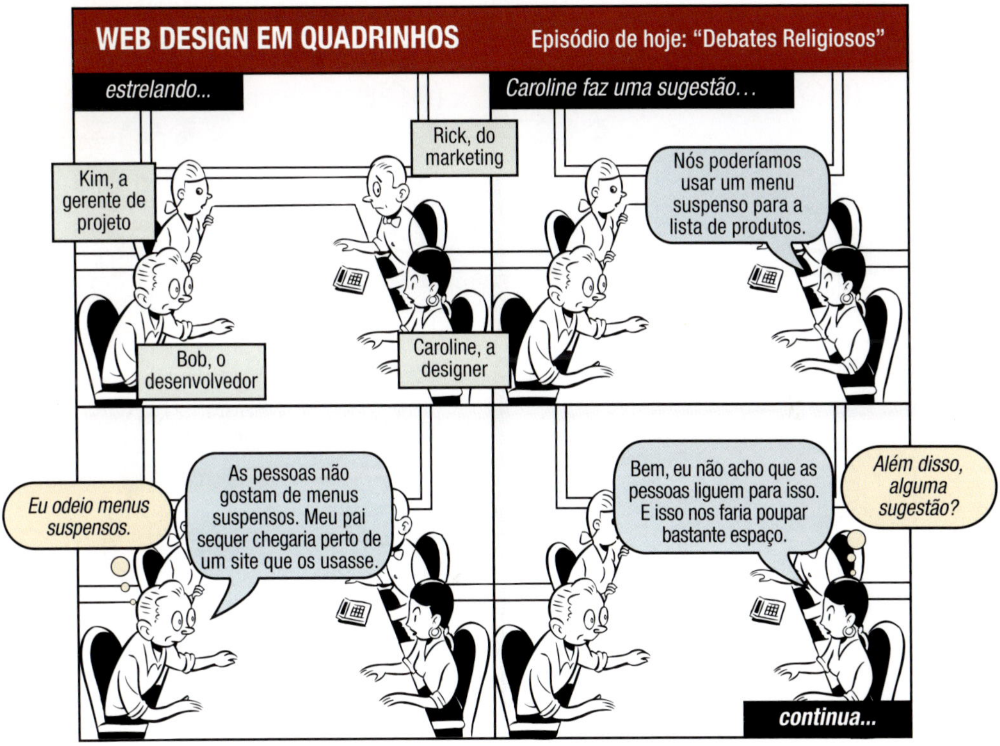

Costumo chamar essas discussões intermináveis de "debates religiosos", porque elas têm muito em comum com a maioria das discussões sobre religião e política, ou seja, consistem, em grande parte, de pessoas com crenças pessoais muito fortes sobre fatos que não podem ser provados — supostamente buscando entrar em acordo em relação à melhor maneira de fazer algo importante (seja alcançar a paz mundial ou apenas projetar páginas web). Além disso, como a maioria dos debates religiosos, elas raramente resultam na mudança do ponto de vista de algum dos envolvidos.

Além de serem pura perda de tempo, essas brigas provocam tensões, desgastam a relação entre os membros da equipe e podem, muitas vezes, impedir que decisões fundamentais sejam tomadas.

Infelizmente, diversas forças atuam na maioria das equipes web, tornando esses debates quase inevitáveis. Neste capítulo, descreverei tais forças e explicarei o que considero ser o melhor antídoto.

"*Todo mundo* gosta de ________."

Todos nós que trabalhamos em sites temos algo em comum — somos, também, usuários e, como todos eles, cultivamos opiniões fortes a respeito do que gostamos e do que não gostamos nos sites.

Pessoalmente, adoramos menus principais no topo das páginas e menus secundários do lado esquerdo, porque eles, além de serem familiares, são fáceis de usar, ou os detestamos por serem tediosos. Nós adoramos páginas com imagens gigantescas, porque elas são atraentes, ou as detestamos por preferir ir direto ao conteúdo. Realmente gostamos de usar sites com _____, ou achamos _____ uma senhora chatice.

E, quando estamos trabalhando em uma equipe web, acaba se tornando muito difícil comparar esses sentimentos.

O resultado, ordinariamente, é uma sala repleta de indivíduos com fortes convicções pessoais sobre o que é necessário para um bom site.

Dada a força dessas convicções — e a própria natureza humana —, há uma tendência natural de se projetarem esses gostos e essas antipatias sobre os usuários em geral, como se a maioria dos usuários gostasse do mesmo que nós. Tendemos a pensar que a maioria dos usuários é gente como a gente.

Não é que achemos que *todo mundo* é igual a nós. Sabemos que há *algumas* pessoas que detestam coisas que adoramos — inclusive trabalhando conosco na mesma equipe. Mas não pessoas *sensatas*. E não há muitas delas por aí.

Rancheiros vs. fazendeiros

Sobre esta camada de paixão pessoal, há outra: a de paixão profissional. Como os rancheiros e fazendeiros de *Oklahoma!*, os membros de uma equipe web têm perspectivas muito diferentes sobre o que constitui um bom projeto web baseados naquilo que fazem para o seu sustento[1].

O site ideal de acordo com o...

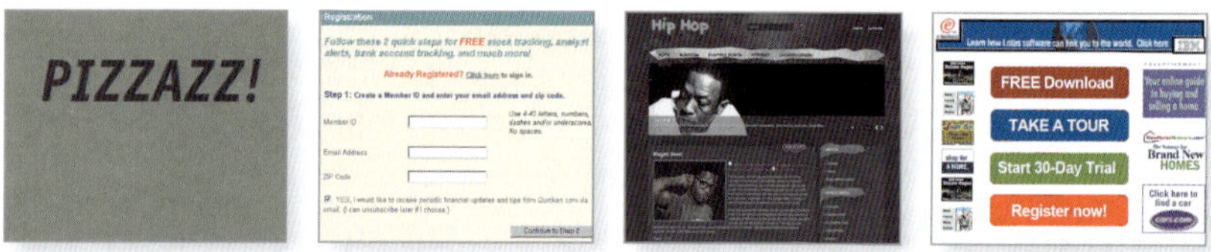

CEO — Desenvolvedor — Designer — Desenvolvedor de negócios

Sempre me pareceu que essas pessoas talvez trabalham com o que trabalham por serem quem *são*. Designers, por exemplo, provavelmente se tornaram designers porque se deleitam com experiências visuais agradáveis. Eles obtêm um prazer visceral somente ao olhar páginas cheias de tipografias elegantes e sutis alusões visuais. Há endorfinas envolvidas nisso.

E desenvolvedores tendem a gostar de complexidade. Eles gostam de entender como as coisas funcionam, fazendo a engenharia inversa em suas cabeças, e buscando ideias possíveis de serem usadas. Novamente, há endorfinas trabalhando aí.

E por todas essas reações acontecerem a nível cerebral, é muito difícil para eles imaginarem que isso não ocorre com todo mundo.

O resultado: enquanto os designers querem criar sites bonitos, os desenvolvedores desejam criar sites com recursos interessantes e originais. Não estou certo sobre quem é o agricultor e quem é o pecuarista nesse caso, mas sei que suas diferenças de ponto de vista, muitas vezes, geram

---

[1] *Na peça, fazendeiros tementes a Deus estão sempre em conflito com os desregrados rancheiros. Fazendeiros amam cercas, rancheiros não.*

conflitos — e até ressentimentos — quando se trata de estabelecer prioridades de projeto.

Enquanto isso, designers e desenvolvedores aparecem lutando lado a lado em um conflito ainda maior entre o que Art Kleiner descreve como as culturas da propaganda (hype) e da destreza (craft).

Enquanto a cultura da propaganda (administradores, marketing e desenvolvedores de negócios) foca nas promessas necessárias para atrair capital de investimento, geração de renda e usuários, a sobrecarga recai toda sobre os artesãos da cultura da destreza (designers e desenvolvedores).

Essa moderna versão high-tech do eterno conflito entre arte e comércio (ou talvez agricultores e pecuaristas versus os barões das vias férreas) acrescenta um novo nível de complexidade a qualquer discussão acerca dos problemas de usabilidade — muitas vezes na forma de decisões aparentemente arbitrárias pelo lado da propaganda.[2]

2 *Certa vez, me deparei com um elemento enigmático na homepage de um site outrora projetado com sensatez. Quando perguntei a respeito, a resposta foi "Nosso CEO teve uma visão em um sonho, então tivemos que fazer isto." Sério.*

O mito do Usuário Médio

A crença de que a maioria dos usuários web é como a gente é o suficiente para provocar uma pane na reunião dos designers. Todavia, por trás dessa crença existe outra ainda mais pérfida: a de que a maioria dos usuários web é como *qualquer coisa*.

Assim que o conflito de opiniões pessoais e profissionais resulta em paralisia, a conversa toma outro rumo: o de encontrar alguma forma (seja com a opinião de um especialista ou por meio de pesquisas ou testes de usuário) de determinar as preferências mais comuns da maioria dos usuários — para descobrir o perfil do Usuário Médio. O único problema é que esse Usuário Médio não existe.

Mas, na verdade, todo o tempo que gastei vendo as pessoas usarem a web me levou a concluir o contrário:

TODOS OS USUÁRIOS WEB SÃO ÚNICOS
E TODO O USO DA WEB É BASICAMENTE IDIOSSINCRÁTICO

Quanto mais atentamente você observa os usuários e ouve suas intenções, motivações e raciocínios, mais percebe que as reações às páginas da web são baseadas em tantas variáveis que tentar descrevê-las limitando-as ao unidimensional gosto-antipatia é inútil e atrapalha a produção.

O pior sobre o mito do Usuário Médio, entretanto, é que ele reforça a ideia de que o segredo do sucesso de um projeto web é descobrir como as pessoas são. É uma noção atraente: ou os menus que se abrem aos serem clicados são bons (porque a maioria das pessoas gosta deles) ou ruins (porque a maioria das pessoas não gosta). Artigos devem aparecer em uma única e longa página ou devem ser quebrados em várias páginas pequenas. Homepages do tipo carrossel, menus gigantescos, páginas que rolam etc. são ou bons ou ruins, ou fazem bem ou mal.

O problema é que não *há* respostas "certas" para a maioria das questões de web design (pelo menos não para as mais importantes). O que funciona são projetos bons, bem integrados e que atendam às necessidades do usuário — cuidadosamente planejados, bem executados e testados.

Isso não significa que não haja coisas que você não deva fazer *jamais*, e algumas outras que você deva fazer *raras vezes*. Existem algumas formas de web design que são claramente erradas. Todavia, não é devido a elas que as equipes web entram em conflito.

O antídoto para debates religiosos

A questão é que não é produtivo fazer perguntas do tipo "A maioria das pessoas gosta de menus que se abrem ao serem clicados?", pois a pergunta correta a se fazer é "*Este* menu, que se abre ao ser clicado, com *estes* itens e *este* palavreado *neste* contexto *nesta* página promove uma experiência positiva para a maioria dos possíveis usuários do site?".

E há somente uma maneira de responder a esse tipo de pergunta: testando. Você tem de se valer do talento coletivo, da experiência, da criatividade e do senso comum da equipe para criar uma versão (mesmo que crua) da coisa e, então, observar atentamente as pessoas comuns enquanto tentam descobrir do que se trata e como usá-lo.

Para isso, não há alternativa.

Onde os debates sobre o que as pessoas gostam desperdiçam tempo e sugam a energia da equipe, os testes tendem a neutralizar a maioria dos argumentos, além de resolver os impasses saindo do tipo de discussão sobre o que é certo ou o que é errado e discutindo o que funciona e o que não funciona. Ao abrir os nossos olhos para o quão variadas são as motivações, percepções e reações do usuário, o teste torna difícil manter viva a crença de que todos os usuários são gente como a gente.

Está claro que acho que os testes são algo bom?

O próximo capítulo mostra como testar o seu próprio site.

capítulo

9

Testes de usabilidade econômicos

MANTENHA OS TESTES TÃO SIMPLES QUANTO FREQUENTES

Por que não fizemos isto antes?

—O QUE TODO MUNDO DIZ EM ALGUM MOMENTO DURANTE O PRIMEIRO TESTE DE USABILIDADE DO SEU SITE

Eu costumava receber uma porção de telefonemas como este:

Basta escutar "lançaremos em duas semanas" (ou mesmo "dois meses") e "testes de usabilidade" na mesma frase para que eu comece a me sentir como um bombeiro a caminho de um incêndio numa indústria de produtos químicos, pois sei bem do que se trata.

Se forem duas semanas, é provável ser uma solicitação de verificação de desastre. O lançamento está próximo, todos estão nervosos e alguém finalmente levanta a lebre: "Talvez seja melhor executarmos alguns testes de usabilidade".

Se forem dois meses, provavelmente os responsáveis pelo site queiram decidir detalhes adicionais específicos — esquema de cores, por exemplo. O escritório está dividido; metade quer um projeto, metade quer outro. Algumas pessoas gostam do mais atrativo, outras preferem o mais elegante. Finalmente, quem manda se cansa das brigas e interfere: "Vamos executar alguns testes de usabilidade para definir isto".

Embora os testes de usabilidade às vezes ponham fim a essas discussões, o que ele acaba fazendo de principal é revelar que o que levou a elas, geralmente, não é tão importante.

As pessoas muitas vezes testam para decidir que cor de cortina é melhor apenas para descobrir que se esqueceram de colocar janelas na sala. Por exemplo, elas poderiam descobrir que não faz muita diferença se você escolher a barra de navegação horizontal ou menus verticais se ninguém entender a proposição de valor do seu site.

Não recebo muitos telefonemas desses atualmente, o que indica haver mais consciência da necessidade de tornar a usabilidade parte do processo desde o início.

Infelizmente, entretanto, a maioria dos testes de usabilidade ainda é feita assim: muito pouco, muito tarde e pelos motivos errados.

Repita comigo: Discussões de Grupo (DGs) não são testes de usabilidade.

Às vezes, o telefonema inicial é ainda mais assustador:

Quando a solicitação de último minuto se destina a discussões em grupo, geralmente é um sinal de que esta partiu do Marketing. Se o pessoal do Marketing sentir que o site está caminhando na direção errada à medida que a data de lançamento se aproxima, eles podem sentir que a única esperança de prevenir um desastre em potencial é apelar a pesquisa de mercado. E um dos tipos de pesquisa mais conhecidos é a discussão de grupo — ou Grupo Focal.

Aqui está a diferença em poucas palavras:

- Em **discussões de grupo**, um pequeno grupo de pessoas (de 5 a 10 pessoas) senta para discutir sobre coisas, como as opiniões sobre produtos, as experiências anteriores com eles, ou as reações diante de novas ideias. Discussões de grupo são boas para se obterem rapidamente exemplos de opiniões de usuários e como se sentem sobre determinados assuntos.
- **Testes de usabilidade** consistem na observação de uma pessoa de cada vez tentando usar algo (seja um site, um protótipo de site ou um conceito de design) para executar tarefas comuns a fim de que se detectem e se consertem as coisas que o confundem ou o frustram.

A principal diferença é que, nos testes de usabilidade, você vê as pessoas *usando* coisas em vez de apenas ouvi-las falando sobre elas.

Discussões de grupo podem ser ótimas para determinar o que o seu público deseja, do que precisa e o que aprecia de maneira abstrata. Elas são boas para testar se a ideia por trás do seu site faz sentido e se sua proposta de valor é atrativa, para aprender mais sobre como o seu site efetivamente pode ajudar as pessoas a resolver seus problemas e descobrir como elas se sentem em relação a você e aos seus concorrentes.

Mas as DGs *não* são boas para descobrir se o seu site funciona e um modo de melhorá-lo.

O que você aprende nas discussões de grupo — como se você está construindo o produto certo — é aquilo que você deve saber *antes* de iniciar o projeto ou a construção de qualquer coisa, então DGs são melhor aproveitadas nas etapas de planejamento de um projeto. Testes de usabilidade, por outro lado, devem ser realizados no decorrer de todo o processo.

Algumas verdades sobre testes de usabilidade

Aqui estão as principais informações que você precisa saber sobre os testes:

- **Se você quiser um ótimo site, deve testá-lo.** Após ter trabalhado em um site por até mesmo algumas semanas, você não consegue mais vê-lo como algo novo. Você sabe demais. A única forma de descobrir se ele realmente funciona é observando outras pessoas tentarem usá-lo.

  Testes o lembram de que nem todo mundo pensa igual a você, sabe o que você sabe ou usa a web de maneira semelhante à sua.

  Eu costumava dizer que os testes são como viagens: experiências que ampliam os seus horizontes. Eles o lembram do quão diferentes — e semelhantes — as pessoas são, e isso lhe confere uma nova perspectiva das coisas.

  Entretanto, finalmente concluí que os testes nada mais são do que receber a visita de amigos de outras cidades. Inevitavelmente, enquanto você os leva para um passeio, vê coisas na sua própria cidade que, em geral, não percebe por estar tão acostumado a elas. Ao mesmo tempo, percebe que muitas coisas às quais confere grande atenção podem não ser óbvias para todos.

- **Testar um usuário é 100% melhor do que não testar nenhum.** Testar sempre funciona, e até mesmo o pior teste com o mais contínuo dos usuários lhe mostrará o que você pode fazer para melhorar o seu site.

  Sempre inicio os meus workshops com um teste de usabilidade ao vivo para que as pessoas vejam o quão simples é, sempre produzindo bons resultados.

  Solicito a um voluntário que tente realizar uma determinada tarefa no site de algum dos outros participantes. Esses testes duram menos de 15 minutos, mas nesse tempo a pessoa com o site sendo testado geralmente escreve páginas e mais páginas de notas. E ela sempre pede se pode receber uma gravação do teste para mostrar a sua equipe. (Uma pessoa me disse que, depois que a sua equipe viu a gravação, realizou uma única mudança no site, a qual resultou numa economia de 100 mil dólares.)

- **Testar um usuário no início do projeto** é melhor do que testar 50 perto do fim. A maioria das pessoas acha que os testes precisam ser algo impressionante. Contudo, se você torná-los impressionantes, não os fará cedo o bastante ou frequentes o suficiente para tirar o máximo de proveito deles. Um simples teste no início do projeto — quando você ainda tem tempo para usar o que aprendeu com ele — é quase sempre mais valioso do que um teste sofisticado no fim.

  Parte do pensamento convencional sobre o desenvolvimento web diz que é muito fácil entrar e realizar mudanças. A verdade é que nem sempre é tão fácil fazer mudanças em sites que já estão no ar — sobretudo sites grandes. Alguma porcentagem de usuários resistirá a qualquer tipo de mudança, e mesmo aquelas aparentemente simples, muitas vezes, acabam tendo amplas consequências. Qualquer erro que você puder corrigir no início do processo irá salvá-lo de uma enrascada na reta final.

Testes de usabilidade do tipo faça-você-mesmo

Os testes de usabilidade existem há tempos, e a ideia por trás deles é bastante simples: Se você quer saber se qualquer coisa é fácil o suficiente de se usar, observe algumas pessoas tentando usá-la e tome nota dos pontos onde elas encontram dificuldade.

No início, entretanto, os testes de usabilidade eram uma proposta muito cara. Você precisava ter um laboratório de usabilidade, com uma sala de observação por trás de um espelho que reflete a imagem de um lado e do outro é transparente como vidro, além de câmeras para gravar as reações dos usuários e a tela. Você arcava com o custo do profissional de usabilidade que planejava e realizava os testes para você. E tinha também de recrutar um número de participantes que pudesse lhe fornecer resultados estatisticamente significativos. Era ciência pura. O preço girava em torno de 20 a 50 mil dólares. Não era viável.

Até que, em 1989, Jakob Nielsen escreveu um artigo chamado "Usability Engineering at a Discount"[1] e destacou que não precisava ser assim. Você

1 *"Engenharia de Usabilidade com Desconto", em tradução livre.*

não precisava de um laboratório de usabilidade e poderia obter os mesmos resultados com muito menos usuários. A média de preço caiu para de 5 a 10 mil dólares por teste.

A ideia do teste de usabilidade com desconto foi um grande avanço. O único problema é que todo site (e aplicativo) requer testes, e 5 mil dólares ainda é muito dinheiro, então, de certa forma, continua inviável.

O que vou recomendar para você neste capítulo é algo ainda mais simples (e muito mais econômico): testes de usabilidade do tipo faça-você-mesmo.

Tentarei explicar como realizar os seus próprios testes quando lhe faltarem tempo e dinheiro.

Não me ponha em descrédito: se você tem como pagar um profissional para realizar os seus testes, não pense duas vezes. A vantagem é que ele estará apto a fazer um trabalho melhor do que você é capaz de fazer. Mas, se não puder pagar, faça você mesmo.

Eu acredito tanto no valor desse tipo de teste que escrevi um livro inteiro sobre como fazê-lo, chamado *Simplificando Coisas que Parecem Complicadas*.

Ele abrange os tópicos deste capítulo de maneira muito mais aprofundada e oferece instruções passo a passo para todas as etapas do processo.

	TESTE TRADICIONAL	TESTE DO TIPO FAÇA-VOCÊ-MESMO
TEMPO GASTO EM CADA RODADA DE TESTE	Um a dois dias de testes, seguido de uma semana de preparo de relatório, e, após, algum processo de decisão sobre o que consertar.	Uma manhã por mês que inclua teste, relatório e decisão sobre o que consertar. No início da tarde, você estará em dia com o teste de usabilidade do mês.
QUANDO VOCÊ REALIZA O TESTE?	Quando o site está quase pronto.	Continuamente, durante todo o processo de desenvolvimento.
NÚMERO DE RODADAS DE TESTES	Geralmente apenas uma ou duas devido ao custo envolvido.	Uma a cada mês.
NÚMERO DE PARTICIPANTES POR TESTE	Pelo menos oito.	Três.
COMO VOCÊ RECRUTA OS PARTICIPANTES?	Cuidadosamente, visando ao público-alvo do site.	Imprecisamente, se necessário. Testar com frequência é mais importante do que testar com usuários em potencial.
ONDE VOCÊ REALIZA O TESTE?	Fora do local de trabalho, num estabelecimento alugado que ofereça sala de observação.	No local de trabalho, com os observadores numa sala de conferência assistindo ao teste via software de compartilhamento de tela.
QUEM ASSISTE A ELE?	Muitos dias fora do local de trabalho dificultam que muita gente assista aos testes.	Metade de um dia no local de trabalho significa que mais pessoas poderão acompanhar o teste ao vivo.
RELATÓRIO	Alguém gasta no mínimo uma semana preparando um relatório de 25 a 50 páginas.	Um e-mail de uma ou duas páginas resumindo as decisões tomadas após o teste.
QUEM IDENTIFICA OS PROBLEMAS?	O profissional que realiza os testes, normalmente, analisa os resultados e sugere mudanças.	A equipe de desenvolvimento e quaisquer outros interessados marcam um almoço no mesmo dia para comparar anotações e decidir o que deve ser mudado.
FINALIDADE PRINCIPAL	Identificar o máximo de problemas possível (às vezes centenas), então categorizá-los e priorizá-los de acordo com a gravidade.	Identificar os mais sérios e empenhar-se em resolvê-los antes da próxima rodada de teste.
DESPESA	De 5 a 10 mil dólares se você contratar alguém para fazê-lo.	Pouco mais de 100 dólares por rodada.

Com que frequência você deve realizar testes?

Penso que toda equipe de desenvolvimento web deva gastar uma manhã por mês num teste de usabilidade.

Numa manhã, você pode testar até três usuários, além de realizar a reunião de consolidação na hora do almoço. É isso. Quando você sair da reunião, a equipe terá decidido o que deve ser consertado antes da próxima rodada de teste e você terá feito o seu dever de casa mensal[2].

Por que uma manhã por mês?

- **É simples, então você continuará realizando.** Uma manhã por mês é o tempo que a maioria das equipes pode utilizar para se dedicar à realização de testes. Se for muito complicado ou consumir muito tempo, talvez você vá empurrando com a barriga até sobrar um tempinho.
- **Ela lhe dá o que você precisa.** Observando três participantes, você identificará o suficiente de problemas para mantê-lo ocupado consertando coisas para o mês seguinte.
- **Libera você de decidir quando testar.** É necessário escolher um dia do mês — como a terceira quinta-feira — e determiná-lo como o dia de realizar testes.

  Isso é muito melhor do que basear os seus testes em etapas ou resultados ("Nós testaremos quando o protótipo estiver para ser lançado") porque previsões às vezes furam, e os testes furam junto com elas. Não se preocupe, pois sempre haverá *algo* a ser testado mensalmente.

- **É mais provável que as pessoas assistirão a ele.** Fazer tudo em uma manhã num calendário previsível aumenta e muito as chances de a equipe assistir pelo menos algumas das sessões, o que é altamente desejável.

---

[2] *Se você está fazendo desenvolvimento ágil, realizará testes ainda mais frequentes, mas os fundamentos são os mesmos. Por exemplo, você poderá testar dois usuário a cada duas semanas. Criar um calendário fixo e obedecer a ele é o que importa.*

De quantos usuários você precisa?

Penso que o número ideal de participantes por rodada de teste é três.

Algumas pessoas reclamarão que três não é o bastante. Elas dirão que é uma amostra pequena para provar qualquer coisa e que não revelará todos os problemas. Ambos os argumentos são verdadeiros, mas não são importantes, e eis o porquê:

- **O propósito desse tipo de teste não é *provar* alguma coisa.** Provar coisas requer testes *quantitativos*, com uma larga amostra, um protocolo de teste claro e seguido à risca, além de um monte de comparações de dados e análise.

  Testes do tipo faça-você-mesmo são um método qualitativo cujo objetivo é *aprimorar* o que você está construindo por meio de identificação e reparo de problemas de usabilidade. O processo não é totalmente rigoroso: você os confere tarefas a cumprir, observa e aprende. O resultado vem em forma de descobertas litigáveis, nada de provas.

- **Você não precisa encontrar todos os problemas.** Na realidade, você *nunca* encontrará *todos* os problemas no que quer que teste. E não ajudaria caso encontrasse, devido a isto:

  Você pode encontrar mais problemas numa manhã do que poderá consertar em um mês.

  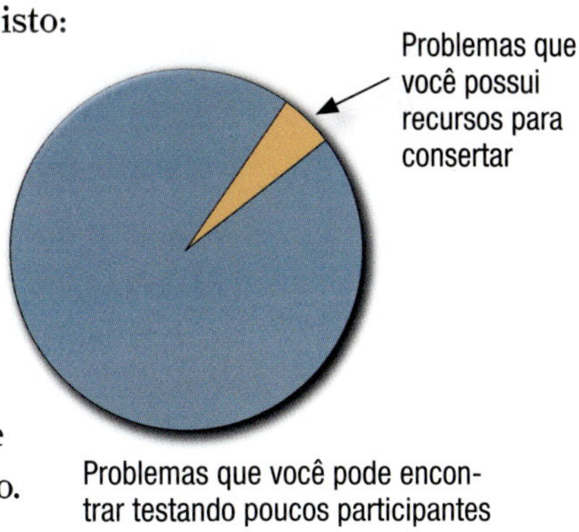

  Você sempre encontrará problemas maiores do que os recursos disponíveis para solucioná-los, então é fundamental que você foque em solucionar os mais sérios primeiro. E três usuários é um bom número para encontrar muitos desses problemas maiores relacionados às tarefas que você está testando.

  Além disso, você fará uma rodada de teste a cada mês. É muito mais importante fazer mais rodadas de testes do que tentar solucionar tudo que puder em cada rodada.

Como recrutar os participantes?

Quando as pessoas decidem testar, elas, muitas vezes, gastam tempo demais tentando recrutar usuários que acham que refletirão precisamente seu público-alvo — por exemplo, "auditores do sexo masculino, com idade entre 25 e 30 anos, com de um a três anos de experiência com computadores, os quais tenham comprado sapatos caros recentemente".

É bom que você realize os testes com participantes que se pareçam com o público-alvo do seu site, mas a verdade é que recrutar tais pessoas não é tão importante como parece. Para muitos sites, você pode fazer os testes com qualquer um. E, se você estiver apenas começando com eles, o seu site provavelmente possui uma quantidade de erros de usabilidade que causarão problemas para a maioria dos recrutados.

Recrutar pessoas que se encaixem num determinado perfil geralmente requer mais trabalho (encontrá-las) e talvez até mais dinheiro (remuneração). Se você dispuser de tempo para gastar procurando-as ou puder contratar alguém para fazê-lo, seja o mais específico possível quanto ao que deseja. Mas se encontrar os usuários ideais significar testar menos vezes, recomendo outra abordagem:

RECRUTE LIVREMENTE E CLASSIFIQUE-OS EM UMA CURVA

Em outras palavras, tente encontrar usuários que reflitam o seu público-alvo, mas não se limite a isso. Pelo contrário, relaxe quanto aos requisitos e então faça concessões pelas diferenças entre os participantes e o seu público-alvo. Quando alguém tiver um problema, pergunte-se: "Nossos usuários teriam esse problema, ou só é um problema porque essa pessoa não tem o mesmo conhecimento que eles?".

Se usar o seu site requer domínio de conhecimentos específicos (ex.: o site de uma casa de câmbio para profissionais do mercado financeiro), você terá de recrutar *algumas* pessoas que entendam do assunto. Mas não são todos que precisam entender, uma vez que a maioria dos problemas mais graves de usabilidade é algo que qualquer um encontrará.

Na verdade, sou a favor de sempre usar alguns participantes que *não sejam* do seu público-alvo por três razões:

- **Geralmente, não é uma boa ideia projetar um site de modo que apenas o seu público-alvo possa usá-lo.** Se você projetar um site para economistas usando terminologia que você acha que todos os economistas entenderão, provavelmente descobrirá que um pequeno, porém longe de ser insignificante, número de economistas não saberá do que você está falando. Na maioria dos casos, você precisa apelar tanto para os novatos quanto para os seniores e, se a sua avó conseguir usar o seu site, um especialista também conseguirá.
- **No fundo, somos todos iniciantes.** Arranje um especialista e muitas vezes encontrará alguém lutando para fazer algo — apenas em um nível mais alto.
- **Os especialistas raramente se ofendem por algo que seja claro o suficiente para os iniciantes.** Todos apreciam clareza (clareza real, ou seja, não apenas algo que tenha sido "emburrecido"). Se "praticamente qualquer um" pode usá-lo, os especialistas estarão aptos também.

Como você encontra participantes?

Há muitos lugares e maneiras de recrutar participantes para os testes, como em grupos na Internet, feiras comerciais, Facebook, Twitter, fóruns de usuários, por meio de um pop-up no seu site, ou mesmo convidando amigos e vizinhos.

Se você recrutará por conta própria, recomendo que baixe de graça *How to Recruit Participants for Usability Studies*[3] [4], um relatório de 147 páginas do Nielsen Norman Group. Você não tem de lê-lo por completo, mas é uma excelente fonte de auxílio.

A remuneração média para os participantes toparem uma sessão de teste de uma hora varia de 50 a 100 dólares para usuários "médios" a algumas centenas de dólares para profissionais mais ocupados e gabaritados, como cardiologistas.

Eu gosto de oferecer às pessoas um pouco mais do que a média, a fim de deixar claro o quanto valorizo a presença delas, e isso aumenta as chances de irem realizar o teste. Lembre-se de que, por mais que o teste dure apenas uma hora, há também o tempo do deslocamento de ida e volta do usuário.

---

3 *"Como Recrutar Participantes para Estudos de Usabilidade", em tradução livre.*

4 *O relatório data de 2003, mas basta adaptar os valores em dólar à inflação que ele ainda vale.*

Onde você realiza os testes?

Para realizar o teste, você precisa de um lugar quieto, onde não haja interrupções (geralmente um escritório ou uma sala de conferências) com uma mesa e duas cadeiras. E você precisará de um computador com acesso à Internet, um mouse, um teclado e um microfone.

Você usará um software de compartilhamento de tela (como GoToMeeting ou WebEx) para permitir que os membros da equipe, acionistas e qualquer um interessado assista ao teste da outra sala.

Você também precisa de um software de gravação de tela (como Camtasia da Techsmith) para gravar o que acontecer na tela e o que o facilitador e o participante dizem. Você pode nunca vir a usar a gravação como referência, mas é bom tê-la caso deseje checar algo ou usar trechos como parte de uma apresentação.

Quem deve executar os testes?

A pessoa que senta ao lado do participante e o conduz pelo teste é chamada de facilitador. Quase qualquer pessoa pode ser facilitador em um teste de usabilidade; todo o necessário é a coragem para tentar, e, com um pouco de prática, a maioria das pessoas pode se tornar realmente boa nisso.

Estou presumindo que você será o facilitador dos seus próprios testes, mas, se não for, tente escolher alguém paciente, calmo, empático e que seja um bom ouvinte. Não escolha uma pessoa que você descreveria como "alguém que não gosta de interagir com os outros" ou "o doidão da repartição".

Mais do que manter os participantes confortáveis e focados em desempenhar as tarefas, cabe ao facilitador encorajá-los a pensar o mais alto possível. A combinação de observar o que os participantes fazem e ouvir o que eles estão pensando enquanto o fazem é o que permite aos observadores ver o site pelos olhos de outra pessoa e entender por que algumas coisas tão óbvias para eles são confusas ou frustrantes para os usuários.

Quem deve assistir ao teste?

O máximo de pessoas possível!

Uma das coisas mais valiosas sobre realizar testes de usabilidade é o efeito que pode causar nos observadores. Para muitas pessoas, consiste em uma experiência transformativa que muda de modo drástico a maneira de pensar sobre o usuário: eles, subitamente, "captam" que nem todos os usuários são como eles.

Você devia tentar o que estiver ao alcance para encorajar a todos — membros da equipe, acionistas, gerentes e até mesmo executivos — a assistirem às sessões de testes. De fato, se você dispõe de algum dinheiro para os testes, sugiro que você o gaste comprando os melhores petiscos para atraí-los. (Chocolates funcionam particularmente bem.)

Você precisará de uma sala de observação (geralmente uma sala de conferência), um computador com acesso à internet e software de compartilhamento de tela, e um monitor grande ou projetor, além de um par de alto-falantes de modo que todo mundo, além de ver, ouça o que está acontecendo na sala de teste.

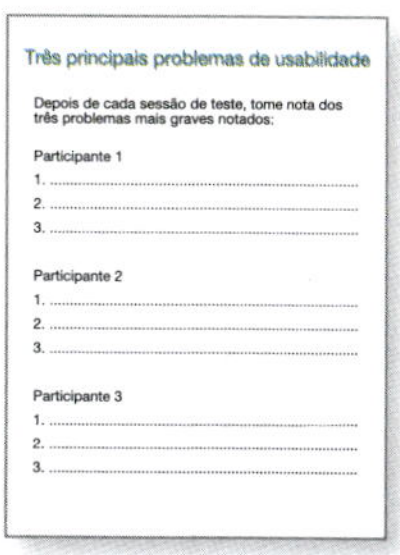
Três principais problemas de usabilidade

Depois de cada sessão de teste, tome nota dos três problemas mais graves notados:

Participante 1
1. ....
2. ....
3. ....

Participante 2
1. ....
2. ....
3. ....

Participante 3
1. ....
2. ....
3. ....

Durante o intervalo depois de cada sessão de teste, os observadores devem tomar nota dos três problemas de usabilidade mais graves notados durante a sessão para que compartilhem no relatório. É possível baixar um formulário que criei com esse propósito direto do meu site. Eles podem tomar notas o quanto quiserem, mas é importante que mantenham a lista curta pois, como você verá, o propósito do relatório é identificar os problemas mais graves para dar cabo deles primeiro.

O que você testa, e quando você testa?

Como qualquer profissional de usabilidade dirá, é importante começar os testes o mais cedo possível e mantê-los no decorrer de todo o processo de desenvolvimento.

De fato, nunca é cedo *demais* para começar. Mesmo antes de você começar a projetar o seu site, por exemplo, é uma boa ideia testar sites concorrentes. Eles podem ser concorrentes de fato, ou apenas sites com o mesmo estilo, organização ou recursos que você planeja usar. Traga três participantes e veja-os tentar fazer tarefas comuns em um ou dois sites da concorrência e você aprenderá bastante sobre o que funciona ou não sem precisar projetar ou construir qualquer coisa que seja.

Se você está reprojetando um site já existente, pode também querer testá-lo antes de começar, e, com isso, saberá o que não está funcionando (e precisa ser mudado) e o que está (logo, não deve ser mexido).

Então, ao longo do projeto, continue testando tudo que a equipe produzir, começando com os primeiros esboços, e continue com o esqueleto, complementos, protótipos e, finalmente, o site em si.

Como você escolhe as tarefas a testar?

Para cada rodada de teste, é necessário propor tarefas: coisas que os participantes terão de fazer.

As tarefas que você testa em dada rodada dependerão parcialmente do que você tem para ser testado. Se tudo o que você possui é um mero esboço, por exemplo, a tarefa pode consistir simplesmente em pedir que olhem para ele e lhe digam o que acham que é.

Se você tiver mais do que isso para mostrar às pessoas, porém, comece listando as tarefas que elas precisam estar aptas a desempenhar com aquilo que você está testando. Por exemplo, se está testando um protótipo de processo para login, as tarefas podem ser

Crie uma conta
Logue usando um nome de usuário e senha existentes
Recupere uma senha
Recupere um nome de usuário
Mude a resposta da pergunta de segurança

Escolha tarefas suficientes para preencher o tempo disponível (cerca de 35 minutos em um teste de uma hora), tendo em mente que algumas pessoas acabarão antes do que você espera.

Então, digite a tarefa cuidadosamente, de modo que os participantes entendam exatamente o que você quer que eles façam. Inclua qualquer informação de que talvez precisem mas não possuam, como login, se você estiver usando uma conta demo. Por exemplo:

> Você tem uma conta com nome de usuário angelcabeza e a senha é puroromantismo2469. Você sempre usou a mesma resposta para a pergunta de segurança em todos os sites, e acabou de ler que isso não é uma boa ideia. Mude a resposta para essa conta.

É possível muitas vezes obter resultados reveladores se permitir que os participantes determinem alguns dos detalhes da tarefa. É muito melhor, por exemplo, dizer "Encontre um livro que você queira comprar, ou um livro que você comprou recentemente" do que "Encontre um livro de receitas por menos de 14 dólares". Isso aumenta o investimento emocional e lhes permite usar mais do conhecimento pessoal de conteúdo.

O que acontece durante o teste?

Você pode baixar o script que uso para testes de sites (ou a versão ligeiramente diferente para testes de aplicativos) no site da Editora Alta Books (www.altabooks.com.br — procure pelo nome do livro). Eu recomendo que você leia exatamente como está escrito, pois o vocabulário foi escolhido com cuidado.

Um típico teste de uma hora pode ser fragmentado da seguinte maneira.

- **Boas-vindas** (4 minutos). Você começa explicando como o teste funcionará com o intuito de que o participante saiba o que o espera.
- **As perguntas** (2 minutos). Depois, você faz algumas perguntas pessoais ao participante. Isso o ajuda a relaxar e lhe dá uma ideia do quanto ele entende de computador e internet.
- **Passeio pela homepage** (3 minutos). Então você abre a home page do site que está testando e pede a ele que olhe ao redor dela e lhe diga algo a respeito. Isso lhe fornecerá uma ideia do quão fácil é entendê-la e de quanto o participante já conhece o seu site.

- **As tarefas** (35 minutos). Este é o coração do teste: observar o participante tentar realizar uma série de tarefas (ou, em alguns casos, somente uma tarefa longa). Novamente, cabe a você assegurar-se de que o participante se mantenha focado nas tarefas e pensando em voz alta.

  Se ele parar de dizer no que está pensado, pergunte a ele — espere um instante — "No que você está pensando?" (ou, para variar um pouco, "O que você está olhando?" e "O que você está fazendo agora?").

  Durante essa parte do teste, é crucial que você deixe o participante trabalhar por conta própria e não faça ou diga nada que possa influenciá-lo. Não lhe faça perguntas sugestivas, e não lhe dê qualquer dica ou assistência a menos que eles estejam completamente empacados ou muito frustrados. Se lhe pedirem ajuda, diga algo como "O que você faria se eu não estivesse aqui?".

- **Sondagem** (5 minutos). Depois das tarefas, você pode perguntar ao participante o que aconteceu durante o teste e quaisquer perguntas que as pessoas na sala de observação gostariam que você fizesse.

- **Fim de papo** (5 minutos). Finalmente, você agradece a eles pela participação, paga-lhes e os leva até a porta.

Uma amostra de uma sessão de teste

Aqui está um excerto de anotação de uma típica — mas fictícia — sessão de testes. O site é real, mas já foi reprojetado desde então. O nome da participante é Janice e ela tem aproximadamente 25 anos de idade.

INTRODUÇÃO

Olá, Janice. Meu nome é Steve Krug, e conduzirei você nesta sessão. Antes de começarmos, tenho algumas informações a lhe passar, e irei lê-las para você a fim de me certificar de ter coberto tudo.

Você provavelmente tem ideia do porquê nós lhe pedimos para vir hoje, mas deixe-me explicar novamente. Estamos testando um site no qual trabalhamos de modo que vejamos como é para as pessoas usarem-no. A sessão deve levar cerca de uma hora.

Quero deixar claro que estamos testando o site, não você. Você não pode fazer nada errado aqui. Na verdade, este talvez seja o único lugar onde você não tem de se preocupar em não cometer erros.

Queremos ouvir exatamente o que você pensa, então não se preocupe em não ferir os nossos sentimentos. Queremos melhorar o site, e, para isso, precisamos saber honestamente o que você acha dele.

À medida que avançarmos, pedirei a você que pense em voz alta, dizendo-me o que passa na sua cabeça. Isso nos ajudará.

Estou seguindo o roteiro que uso quando aplico testes de usabilidade.

Você pode baixá-lo em www.altabooks.com.br (Procure pelo nome do livro)

Se você tiver alguma pergunta, faça. Talvez eu não possa responder a ela imediatamente, já que estamos interessados em saber como seria se você não tivesse ninguém sentado ao seu lado, mas tentarei responder a qualquer pergunta que permanecer após o final do teste. E, se você precisar de uma pausa, me informe.	É importante mencionar isso, porque parecerá rude não responder às suas perguntas à medida que prosseguem. Você tem de deixar claro que (a) não é nada pessoal e que (b) você tentará responder às perguntas ao término do teste.
Você pode ter percebido o microfone. Com a sua permissão, gravaremos o que acontecer na tela e o que você disser. A gravação será usada somente para nos ajudar a descobrir o que melhorar no site e não será vista por ninguém além das pessoas envolvidas no projeto. Ela também me ajudará, pois assim não precisarei tomar nota de tudo. Além disso, há algumas pessoas da equipe de web design assistindo ao teste de outra sala. (Eles não podem nos ver, apenas a tela.)	Este é o momento em que a maioria das pessoas começa a desconfiar de que se trata de uma *Câmera Escondida do Silvio Santos.*
Se você não se importa, vou pedir a você que preencha um simples formulário para nós. Nele você nos autoriza a gravar o teste, mas garante que a gravação só será assistida por pessoas envolvidas no projeto. Alguma pergunta antes de começarmos? Não. Acho que não.	Peça-lhes que assinem o formulário que permite a gravação. Você encontrará um modelo de formulário e outros recursos úteis no site da Editora Alta Books (procure pelo nome do livro).

PERGUNTAS RÁPIDAS

Antes de olharmos o site, eu gostaria de lhe fazer algumas perguntas. Primeiro, qual a sua profissão? O que você faz diariamente?

> Sou despachante.

Eu nunca ouvi falar disso. O que um despachante faz?

> Recebo pedidos e os encaminho para o escritório correto. Somos uma grande companhia multinacional, logo, há muito o que pôr em ordem.

OK. Agora, quantas horas por semana aproximadamente você navega na internet, *incluindo* e-mail? Pode ser só uma estimativa.

Acho legal começar com algumas perguntas que lhe deem uma ideia de quem são eles e como usam a Internet. Essas perguntas lhes proporcionam a chance de relaxar um pouco e, assim, eles verão que você os está ouvindo atentamente — e que não há respostas certas ou erradas.

Não hesite em admitir o seu desconhecimento de alguma coisa. Seu papel aqui é o de ouvinte, não de especialista.

> Ah, não sei. Provavelmente umas quatro horas por dia no trabalho, e talvez oito horas por semana em casa. Quase sempre no fim de semana. Chego em casa muito tarde e muito cansada. Mas gosto de jogar online às vezes.

Qual porcentagem desse tempo você passa no e-mail? E acessando sites?

> Bem, no escritório eu passo a maior parte do tempo no e-mail. Recebo muitos e-mails, e um monte de lixo eletrônico, mas sou obrigado a conferir um por um independente. Talvez 2/3 do meu tempo seja passado no e-mail e 1/3 navegando.

Observe que ela não tem certeza de quanto tempo realmente passa na Internet. A maioria das pessoas não tem certeza. Não se preocupe. Respostas precisas não são fundamentais. O ponto aqui é fazê-la falar e pensar a respeito de como utiliza a Internet a fim de que você tenha a chance de avaliar que tipo de usuário ela é.

Que tipos de site você acessa quando navega?

> No trabalho, predominantemente a intranet corporativa. E sites de concorrentes. Em casa, sites de jogos e compras.

Você tem algum site favorito?

> Bem, o Google, com certeza. Eu o uso o tempo inteiro. E um pouco do Snakes.com, porque tenho uma cobra de estimação.

Sério? Que tipo de cobra?

> Uma píton. Tem 1,2 metros, mas deve chegar a medir quase 3.

OK, maneiro. Chega de perguntas, vamos começar o teste.

> OK, eu acho.

Não sinta medo de quebrar o protocolo e saber um pouco mais sobre ela, só não prolongue demais as conversas desse tópico.

PASSEIO PELA HOME PAGE

Primeiro, eu vou pedir a você que olhe para esta página e me diga o que você acha dela: o que o impressiona, que tipo de site você pensa que é, o que pode fazer aqui, e para que ele serve. Apenas observe e faça uma pequena narrativa.

Você pode usar a rolagem se quiser, mas não clique em nada ainda.

Até agora, tudo o que você fez foi abrir o navegador, logo, não houve nada que pudesse distraí-la.

Neste ponto, eu abro uma aba com o site que estamos testando e deixo o mouse em posse da participante.

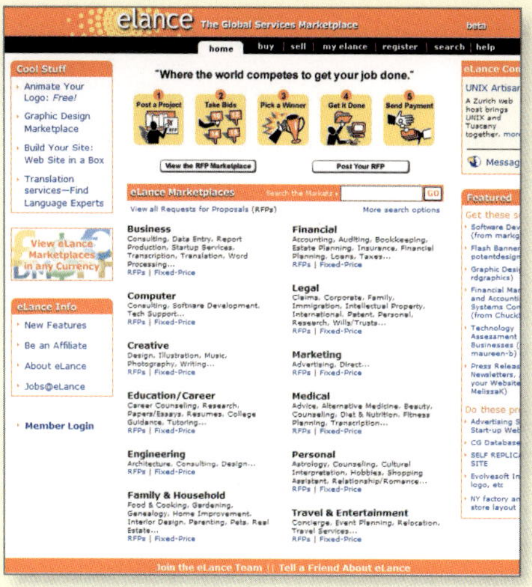

Bem, acho que a primeira coisa que reparo é que gosto da cor. Gosto desse tom de laranja e da imagem do sol [no topo da página, atrás do logo da eLance].

Vejamos. [Lê] “The Global Services Marketplace.” “Where the world competes to get your job done.”

Eu não sei o que significa. Não faço a menor ideia.

“Animate your logo: free.” [Olhando a seção Cool Stuff à esquerda.] “Graphic design marketplace.” “View the RFP Marketplace.” “eLance Marketplaces.”

Há muita coisa por aqui, mas eu não faço ideia do que seja.

Em um teste comum, é normal que o usuário seguinte diga que detestou o laranja ou que o design é simplista demais. Não fique muito empolgado com as relações individuais à estética.

Se você tivesse de dar um palpite, qual seria?

Bem, parece que tem algo a ver com comprar e vender... alguma coisa.

[Percorre a página novamente.] Agora que vejo a lista aqui embaixo [a lista de categorias na metade de baixo da página], eu imagino que sejam serviços. Legal, Financial, Creative... tudo aparenta girar em torno de serviços.

Então é isso que eu acho que é. Compra e venda de serviços.

OK. Agora, se estivesse em casa, no que clicaria primeiro?

Acho que clicaria em graphic design. É um assunto do meu interesse.

Este usuário vem fazendo um bom trabalho pensando em voz alta por conta própria. Se não estivesse, é neste ponto que eu perguntaria "Em que você está pensando?".

AS TAREFAS

OK, agora nós vamos tentar realizar algumas tarefas específicas.

E novamente, sempre que possível, nos ajudaria se você pensasse em voz alta à medida que segue em frente.

Você é capaz de pensar em algum serviço de que pudesse precisar e usaria este site para ajudá-la?

> Deixe-me ver. Acho que vi "Home Improvement" em algum lugar da página. Estamos pensando em construir um terraço. Talvez eu encontre alguém para fazer isso.

Então, se você estivesse à procura de alguém para construir o seu terraço, o que faria primeiro?

> Acho que clicaria em uma das categorias aqui embaixo. Acho que vi home improvement. [Procura.] Lá está, embaixo de "Family and Household".

Então o que você faria?

> Bem, eu clicaria... [Hesita, olhando os dois links embaixo de "Family and Household".]

Agora, dou a você uma tarefa para realizar a fim de que vejamos se ela pode usar o site para o devido propósito.

Sempre que possível, é bom deixar o usuário participar da escolha da tarefa.

Bem, agora eu estou em dúvida quanto ao que fazer. Não posso clicar em Home Improvement, então parece que eu terei de clicar em "RFPs" ou "Fixed-Price". Mas não sei qual é a diferença.

Fixed-price eu entendi um pouco; eles me darão um orçamento, e então terão de segui-lo. Mas eu não tenho certeza do que significa RFP.

Ao que se revela, ela está errada. Fixed-price (neste caso) significa serviços disponíveis por uma taxa horária fixa, enquanto RFP (ou Request for Proposal) é o tipo de orçamento que ela está procurando. Esse é o tipo de engano que pega de surpresa as pessoas que construíram o site.

Bem, em qual dos dois você acha que clicaria?

Fixed-price, eu acho.

Por que você não clica então?

A partir daqui, eu apenas a observo enquanto tenta postar um projeto, deixando-a continuar até que ou (a) ela termine a tarefa, (b) ela fique realmente frustrada, ou (c) nós não estejamos aprendendo nada de novo observando-a tentando ir direto ao ponto.

Eu daria a ela mais três ou quatro tarefas para fazer, o que não somaria mais de 45 minutos no total.

EXAME PROFUNDO

Agora que liquidamos as tarefas, tenho algumas perguntas.

O que você diz dessas figuras próximas ao topo da página — as que têm números? O que você entende delas?

Eu reparei nelas, mas realmente não tentei interpretá-las. Penso que elas me digam qual é o passo a passo no processo.

Enquanto o participante realiza as tarefas, eu tenho o cuidado de não fazer perguntas sugestivas porque não quero influenciá-la.

Mas sempre reservo um tempo ao final para perguntas mais profundas a fim de que eu entenda mais sobre o que aconteceu e o porquê de ter acontecido.

Algum motivo para você não ter dado muita atenção para elas?

Não. Acho que eu só não estava preparada para iniciar o processo ainda. Eu não sabia se queria usá-lo; apenas quis olhar ao redor primeiro.

Ok. Ótimo.

Neste caso, pergunto isso porque os projetistas do site pensam que a maioria dos usuários vai começar clicando nas figuras dos cinco passos e que todo mundo irá, pelo menos, reparar na existência delas.

Realmente consiste apenas disso.

Se você quiser ver um teste mais completo, encontrará um vídeo de 20 minutos no site rocketsurgerymadeeasy.com(conteúdo em inglês).

Problemas típicos

Aqui estão alguns dos problemas que você verá com frequência:

- **Usuários confusos com o conceito.** Eles simplesmente não entendem; olham para o site ou para a página e não fazem ideia do que fazer, ou, se pensam que sabem, estão errados.
- **As palavras pelas quais procuram não estão lá.** Isso normalmente significa que você falhou em antecipar o que eles deveriam estar procurando ou as palavras que você está usando para descrever as coisas não batem com as deles.
- **Há muita coisa acontecendo.** Às vezes, o que eles estão procurando está na página, mas eles simplesmente não as veem. Nesse caso, você precisa reduzir o ruído da página ou destacar aquilo de que eles precisam para pularem mais para fora da hierarquia visual.

O relatório: decidindo o que consertar

Depois de cada rodada de testes, você deve arranjar um tempo o mais rápido possível para que a equipe compartilhe suas observações e decida de quais problemas dar cabo e o que você fará para viabilizar isso.

Recomendo que você faça o relatório durante o almoço logo após os testes, enquanto tudo ainda está fresco nas mentes dos observadores. (Peça uma boa pizza para encorajar o comparecimento.)

Sempre que você testar, acabará encontrando graves problemas de usabilidade. Infelizmente, nem sempre serão eles a serem resolvidos. Às vezes, por exemplo, as pessoas dirão: “Sim, é um problema de verdade. Mas a funcionalidade toda mudará em breve, podemos levar adiante até lá”. Ou, diante da escolha entre tentar consertar um problema grave e vários problemas pequenos, eles optarão pela fruta mais baixa do pé.

Este é um motivo pelo qual você pode muitas vezes deparar com graves problemas de usabilidade mesmo em sites grandes e já estabelecidos, e é por isso que uma das minhas máximas em *Simplificando Coisas* é

FOQUE IMPIEDOSAMENTE EM CONSERTAR
OS PROBLEMAS MAIS GRAVES PRIMEIRO

Eis aqui o método que eu uso para garantir que isso aconteça, mas você pode fazê-lo da maneira que melhor funcionar para a sua equipe:

- **Faça uma lista coletiva.** Percorra a sala proporcionando a todos uma chance de dizer o que pensam ser os três problemas mais graves observados (dos nove que anotaram; três por sessão). Escreva-os num quadro branco ou em post-its. Tipicamente, muitas pessoas dirão "Eu também" para alguns deles, o que pode ser acompanhado por meio da inserção de sinais de conferido.

  Nesse ponto, não há discussão; você está apenas listando os problemas. E eles têm de ser problemas *observados*; coisas que realmente aconteceram durante uma das sessões de teste.

- **Escolha os dez problemas mais graves.** Você pode fazê-lo por meio de votação, mas é possível também verificar aqueles com mais sinais de conferido.

- **Classifique-os.** Numere-os de 1 a 10, sendo 1 o pior de todos. Depois copie para uma nova lista com o pior no topo, deixando algum espaço entre eles.

- **Crie uma lista ordenada.** Começando do topo, rabisque uma ideia de como fará para consertar cada um dos problemas no mês seguinte, quem o fará e de quais recursos você precisará.

  Não é necessário consertar todos os problemas com perfeição ou por inteiro. Você apenas tem de fazer alguma coisa — muitas vezes uma regulagem — que irá removê-lo da categoria de "problemas mais graves".

  Quando você perceber que alocou todo o seu tempo e recursos disponíveis no mês seguinte para consertar problemas de usabilidade, PARE. Você chegou ao ponto. O grupo agora decidiu o que precisa ser consertado e assumiu o compromisso de consertá-lo.

Aqui estão algumas dicas sobre decidir o que consertar — e o que deixar para lá.

- **Mantenha uma lista separada das frutas nos galhos mais baixos do pé.** Você também pode manter uma lista do que não é problema grave, sendo, entretanto, ridículo de consertar. E quando eu digo ridículas, quero dizer coisas que uma pessoa só é capaz de consertar em menos de uma hora, *sem* pedir permissão para qualquer um que não estivesse na elaboração do relatório.

- **Resista ao impulso de acrescentar coisas.** Quando se torna óbvio nos testes que os usuários não estão entendendo alguma coisa, a reação da maioria das pessoas é adicionar informações como uma explicação ou outras instruções. Frequentemente, a solução é tirar alguma coisa (ou algumas *coisas*) que estejam obscurecendo o significado, em vez de adicionar ainda mais distrações.

- **Receba solicitações de "novos recursos" com cautela.** As pessoas muitas vezes dirão "Eu gostaria mais se você pudesse fazer x". Sempre vale a pena ficar receoso a respeito dessas solicitações de novos recursos. Descobri que, se pedir a eles que descrevam como o recurso funcionaria — ao final do teste —, quase sempre após a descrição, eles dizem algo como "Mas, pensando bem, eu provavelmente não usaria isso". Participantes não são projetistas. Eles podem, ocasionalmente, ter uma boa ideia, mas, quando isso acontecer, você saberá imediatamente, pois seu primeiro pensamento será "Por que nós não pensamos nisso antes?!".

- **Ignore problemas "caiaque".** Em qualquer teste, é provável que você veja diversos casos em que os usuários se desviarão momentaneamente, mas conseguirão voltar quase de imediato sem ajuda. É como desvirar um caiaque; desde que ele se endireite rápido o suficiente, é tudo parte da assim chamada diversão. Em termos de basquete, sem dano, não há falta.

  Desde que (a) todos que possuam problemas percebam que não estão indo mais na direção correta, (b) consigam se recuperar sem ajuda e (c) não pareça aborrecê-los, você pode ignorar o problema. De modo geral, se a segunda opinião do usuário sobre onde encontrar as coisas for sempre correta, já está bom.

Modos de vida alternativos

Aqui estão duas outras maneiras de realizar os testes que possuem desvantagens distintas:

- **Teste remoto.** A diferença aqui é que, em vez de ir ao seu escritório, os participantes realizam o teste no conforto do lar, usando teleconferência. Eliminando a necessidade da presença se torna mais fácil recrutar pessoas atarefadas e, talvez até mais significativamente, amplie a sua pool de recrutamento de "pessoas que moram perto do seu escritório" para "qualquer um". Tudo o que eles precisam é de um ponto de internet banda larga e um microfone.
- **Teste remoto não controlado.** Serviços como o UserTesting.com oferecem pessoas que gravarão a si mesmas realizando um teste de usabilidade. Tudo o que você precisa é enviar as tarefas e um link para o seu site, protótipo ou aplicativo mobile. Dentro de uma hora (em média), você pode assistir ao vídeo de alguém realizando as suas tarefas enquanto pensa em voz alta[4]. Você não interage com o participante em tempo real, mas é relativamente barato e não requer quase esforço algum (especialmente recrutar) da sua parte. Tudo que você precisa fazer é assistir a gravação.

Tente, você irá curtir

Qualquer que seja o método que utilizará, tente-o. Eu posso quase garantir que, se o fizer, desejará continuar fazendo.

Eis aqui algumas sugestões para defender-se de quaisquer objeções que possa encontrar:

---

4 *Revelação completa: eu sou remunerado pela UserTesting.com por deixar que usem o meu nome. Mas só faço isso porque realmente acredito que eles ofereçam um serviço de qualidade — e é por isso que eu o menciono no livro.*

AS CINCO DESCULPAS MAIS PLAUSÍVEIS PARA NÃO TESTAR SITES

Nós não temos tempo.	É verdade que a maioria das agendas dos desenvolvedores web parece ter sido baseada nas tirinhas do Dilbert. Se os testes forem adicionados à lista de pendências de todo mundo, jamais serão feitos. É por isso que você deve simplificá-los o máximo possível. Feito isso, você irá poupar tempo porque não terá de (a) argumentar incessantemente e (b) refazer as coisas no final.
Nós não temos dinheiro.	Esqueça os 5 mil dólares. Você só precisa de pouco mais de 100 dólares para cada rodada de testes — talvez menos, se os seus participantes forem voluntários.
Nós não temos a expertise.	O fato mais desconhecido sobre testar usabilidade é que é incrivelmente fácil de se realizar. Sim, algumas pessoas serão melhores do que outras, mas é raro eu ver um teste fracassar em produzir resultados úteis, independente do quão fraco ele tenha sido.
Nós não temos um laboratório de usabilidade.	Você não precisa de um. Tudo o que você precisa é de uma sala com mesa, computador e duas cadeiras onde não será interrompido e outra sala onde os observadores possam acompanhar o teste numa tela larga.
Nós não saberíamos como interpretar os resultados.	Um dos fatores mais legais sobre testar usabilidade é que as lições importantes tendem a ser óbvias para todos que a observam. Os problemas mais graves raramente passam despercebidos.

capítulo

10

Mobile: não é mais somente uma cidade no Alabama

BEM-VINDO AO SÉCULO XXI — VOCÊ PODE SENTIR UMA LEVE TONTURA

[gritando] PODERES CÓSMICOS FENOMENAIS!
[suave] Ficar dentro da lâmpada!

—ROBIN WILLIAMS, COMO O GÊNIO EM *ALADDIN*, COMENTANDO OS LADOS POSITIVO E NEGATIVO DA VIDA DE GÊNIO

Ahh, o smartphone.

Telefones, com o passar dos anos, foram ficando gradualmente mais inteligentes, sugados para dentro de gavetas, cada vez mais parecidos entre si. Mas foi somente com o Grande Salto Adiante[1] que eles finalmente alcançaram a consciência.

Eu, por exemplo, acolhi com entusiasmo os nossos minúsculos e soberanos passatempos. Sei que houve um tempo em que eu não tinha um poderoso computador touch screen com acesso à Internet no meu bolso, e está ficando mais difícil lembrar como era a vida então.

E, claro, foi nessa época que a mobile web, finalmente, originou-se. *Havia* navegadores em celulares, mas eles — tecnicamente falando — eram horríveis.

O problema sempre foi — conforme dito pelo Gênio — o alojamento minúsculo. Dispositivos móveis significavam dispositivos apertados, reduzindo páginas web à dimensão de um lenço de papel em uma tela do tamanho de um selo postal. Houve várias tentativas para solucionar isso, inclusive algumas degradadas versões "mobile" de sites (você se lembra de quando pressionava os números para selecionar itens numerados de menu?), e, como de costume, os adotantes iniciais e as pessoas que realmente precisavam alcançavam o objetivo de qualquer jeito.

Mas a Apple casou um computador mais potente (e esteticamente atraente) com um navegador de interface cuidadosamente forjada. Um dos grandes méritos da Apple foi a melhora na capacidade de deslocar para cima e para baixo e dar zoom na tela. A capacidade de resposta do hardware o tornava utilizável.

---

[1] *Lançamento do iPhone, em junho de 2007.*

Pela primeira vez, navegar na web utilizando um dispositivo móvel era divertido. Com uma bateria capaz de durar um dia inteiro. Você tinha acesso a qualquer coisa, a qualquer hora e em qualquer lugar.

Comprovado: a melhor câmera é aquela que está com você no momento certo.

É difícil mensurar mudança tão drástica.

Obviamente, não se tratava somente da web. Considere quantas outras coisas o smartphone permitiu a você carregar no bolso ou bolsa de uma só vez: uma câmera (que filma *além de* fotografar e, para muitas pessoas, a melhor câmera que já tiveram na vida), um GPS com mapas do mundo inteiro, relógio, despertador, milhares de fotos e músicas etc.

E pense no fato de que para a maioria das pessoas em países emergentes, o smartphone é o seu primeiro — e único — computador.

Não dá para negar que o futuro jaz nos dispositivos móveis, exceto quando você precisa de cavalos-vapor a mais (edição de vídeos profissional, por exemplo e por enquanto) ou uma superfície grande o bastante para Photoshop ou CAD.

Qual é a diferença?

Então, o que muda em relação à usabilidade quando se projeta para dispositivos móveis?

A princípio, não muita coisa. Os fundamentos ainda são os mesmos. Se qualquer coisa, as pessoas estão cada vez mais com pressa e o tempo que dedicam exclusivamente às suas telinhas só diminui.

Mas há *algumas* diferenças significativas sobre o formato que geram novos e desafiadores problemas de usabilidade.

Conforme escrevo isto, o web e app design para dispositivos móveis ainda traz resquícios de Velho Oeste. Levará mais alguns anos até uma reviravolta que, provavelmente, chegará em paralelo a inovações que forçarão o ciclo a começar outra vez.

"App" | xkcd.com

Não falarei muito sobre as melhores práticas porque muitas das melhores ideias de design de interfaces, com potencial para se tornarem novas convenções, ainda não deram as caras. E, é claro, a tecnologia continuará mudando mais rápido do que nós podemos acompanhar.

O que *farei* é falar sobre algumas coisas que, estou certo, continuarão valendo. E a primeira delas é...

Está tudo no outro lado da moeda

Uma das maneiras de perceber o design — qualquer que seja a sua natureza — diz respeito, essencialmente, a restrições (coisas que você *tem que* fazer e outras que você *não pode* fazer) e concessões (optar por uma coisa em detrimento de outra diante das restrições).

Parafraseando Abraham Lincoln, o melhor que você pode fazer é satisfazer alguns por algum tempo.[2]

Um conceito bastante difundido sugere que em vez de atuarem negativamente, as restrições, de fato, tornam o design mais fácil de executar e estimulam a inovação.

E é verdade: as restrições às vezes nos ajudam. É mais fácil encontrar um presente para a esposa quando ela limita as possibilidades. Quando você especifica algo, direciona o foco, enquanto que uma tela em branco e suas opções ilimitadas, ao passo que podem nos deixar à vontade, podem eventualmente nos paralisar.

---

[2] *Na verdade, Lincoln disse "Pode-se enganar a todos por algum tempo; pode-se enganar alguns por todo o tempo; mas não se pode enganar a todos todo o tempo." Uma das coisas que aprendi com a internet é que muitas frases célebres atribuídas a personalidades históricas são falsas em 92% dos casos.*

Você pode não comprar a ideia de que restrições são uma influência positiva, mas isso não importa: sempre que estiver projetando, estará lidando com restrições. E onde houver restrições, haverá decisões a serem tomadas.

Na minha experiência, muitos — se não a grande maioria — dos problemas de usabilidade mais graves resultam de uma decisão equivocada.

Por exemplo, eu não uso o CBS News no meu iPhone.

Afinal, aprendi com o passar do tempo que as suas notícias são fragmentadas em blocos muito pequenos (para mim), e cada um demora uma eternidade para carregar. (Se as páginas carregassem mais rápido, eu provavelmente não ligaria.) E, como se não bastasse, em cada nova página você tem que rolar a página para baixo na mesma foto para ler o pedacinho de texto seguinte.

Eis aqui a experiência:

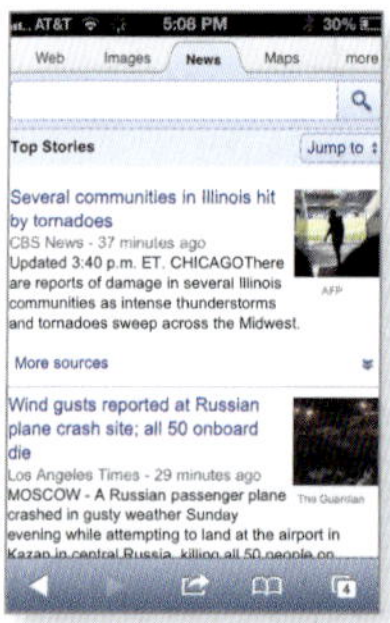

Toque para abrir a notícia e espere. E espere. E espere.

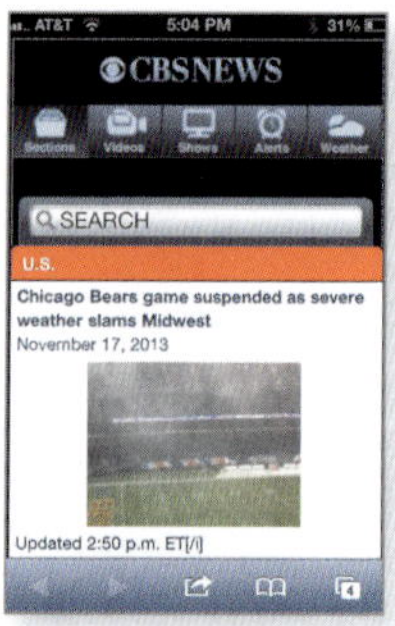

Quando a página finalmente carregar, role para baixo passando pela foto.

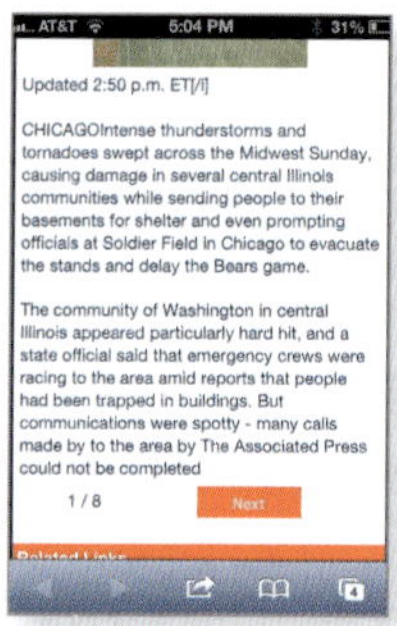

Leia os dois parágrafos e toque em Next. E espere. E espere.

Repita o processo oito vezes para ler a notícia completa.

É tão incômodo quando estou dando uma olhada no Google News (faço isso algumas vezes por dia), e a chamada que despertou o meu interesse redireciona para o CBS News, pois eu sempre acabo clicando em "More stories" atrás de um link para outra fonte.

Quando deparo com um problema assim, tenho certeza de que a culpa não é de quem desenvolveu sem pensar a respeito. Na verdade, estou certo de que o tema deve ter despertado intensos debates que resultaram em um acordo.

Não sei quais restrições estavam em jogo por aqui. Uma vez que existem anúncios nas páginas, pode ter sido uma alternativa visando à geração de mais page views, ou ainda talvez tenha tido relação com a segmentação de conteúdo para outros propósitos no sistema de gestão de conteúdo. Não faço a menor ideia. Sei apenas que a escolha feita não pensou em como criar uma experiência agradável para o usuário.

A maioria dos desafios em criar boa usabilidade móvel se reduz a uma boa tomada de decisões.

A tirania do "ficar dentro da lâmpada"

O mais óbvio sobre telas de dispositivos móveis é que elas são pequenas. Por décadas, estamos progredindo para telas consideradas pequenas para os web designers da época, as quais eram luxo se comparadas aos padrões de hoje em dia. E, mesmo naquela época, os designers trabalhavam exaustivamente tentando comprimir tudo a ser visto.

Mas, se você pensava que os terrenos da home page eram preciosos antigamente, imagine o mesmo num site mobile. Há definitivamente novas decisões a serem tomadas.

Uma das maneiras de lidar com um espaço reduzido é deixar certas coisas de fora: criando uma versão para smartphoneque seja um subconjunto do site completo. Mas esse procedimento, obviamente, levanta uma questão complicada: o que deixar de fora?

Uma metodologia era a Mobile First. Em vez de desenvolver a versão completa (e talvez empanturrada) do seu seu site primeiro e depois ir aplicando os cortes para criar a versão mobile, você a desenvolve primeiro, baseado nos recursos e conteúdos mais importantes para os seus usuários. Só depois, então, adiciona mais recursos e conteúdos criando a versão para desktop.

Foi uma excelente ideia. Nesse sentido, Mobile First significava que você teria de trabalhar duro visando ao que realmente era fundamental para as pessoas. Sempre algo bom de se fazer.

Mas alguns indivíduos interpretaram esse processo como significando que a seleção sobre o que escolher se basearia naquilo que as pessoas querem fazer quando em trânsito. Consequentemente, isso presume que elas só acessam a versão mobile quando estão "passeando", não sentadas em suas mesas, o que justificaria só precisarem dos recursos que usariam em movimento. Por exemplo, você pode querer acessar a sua conta bancária enquanto estiver fazendo contas, mas não estaria apto a solicitar folhas de cheque ou abrir uma nova conta.

Obviamente, esse pensamento se revelou equivocado. Afinal, as pessoas podem sim querer acessar seus dispositivos móveis enquanto estiverem sentadas no sofá dentro de casa, onde querem (e esperam) poder fazer qualquer coisa que desejem. Ou, pelo menos, todos querem poder fazer algumas coisas, que, somadas, chegam muito próximo ao fazer tudo.

Se você está prestes a incluir tudo, atenção redobrada às priorizações.

Coisas que eu quero usar em momentos de muita pressa ou com frequência devem estar sempre à mão. Tudo o mais pode estar a alguns toques de distância, ainda que seja necessário um caminho óbvio para se chegar até lá.

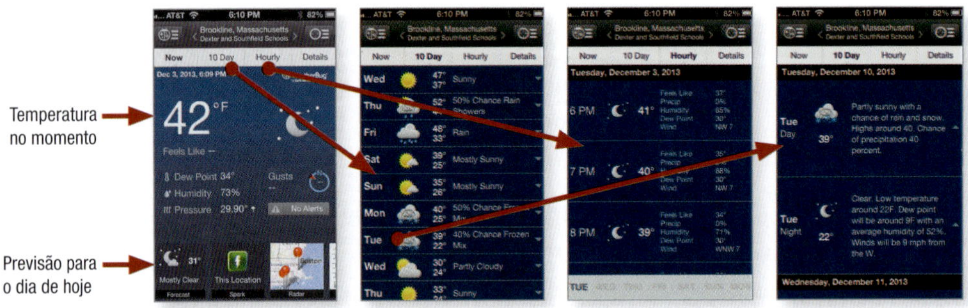

Agora | Os próximos dez dias | As próximas 12 horas | Terça que vem

Em alguns casos, a falta de espaço em cada tela significa que sites mobile acabam sendo mais profundos que seus primos em tamanho maior, implicando que você terá de tocar a tela três, quatro ou cinco vezes para chegar a alguns recursos e conteúdos.

Consequentemente, as pessoas darão mais toques, mas OK. Com telas pequenas é inevitável: para ver a mesma quantidade de informação, você estará ou dando mais toques ou rolando-a mais para baixo. À medida que o usuário continuar se sentindo confiante em relação ao que o espera a alguns toques ou roladas de distância, ele continuará tocando/rolando.

Aqui está a principal coisa a se lembrar, porém:

DESAFIOS DE GERENCIAMENTO DE ESPAÇO NÃO DEVEM SER VENCIDOS AO CUSTO DA USABILIDADE[3]

Construindo camaleões

A fascinação de um-design-padrão-para-todos-os-tipos-de-tela é uma longa história de esperanças, quebra de promessas e designers e desenvolvedores fatigados.

Se há duas coisas que eu posso lhe dizer sobre design escalável (também conhecido como layout dinâmico, design fluido, design adaptativo e design responsivo); são estas:

- Provavelmente dará muito trabalho.
- É muito difícil de fazer direito.

No passado, design escalável — criar uma versão de um site que caísse bem em diferentes tamanhos de tela — era opcional. *Parecia* ser uma boa ideia, mas poucas pessoas ligavam para isso. Agora que as telas pequenas estão dominando o mercado, todo mundo se importa: se você tem um site, quer torná-lo utilizável em qualquer tamanho de tela.

Desenvolvedores aprenderam há tempos que tentar criar versões separadas de qualquer coisa — manter duas pilhas de livros, por assim dizer — é caminho certo para a loucura. O esforço é dobrado (na pior das hipóteses) e garante que as coisas não serão atualizadas com frequência ou as versões acabarão fora de sintonia entre si.

Isso ainda está sendo esmiuçado. Neste momento, o problema tem reais implicações de receita, então, haverá sim soluções técnicas, mas levará tempo.

---

3 *Obrigado a Manikandan Baluchamy por esta máxima.*

Nesse ínterim, aqui estão três sugestões:

- **Permita o zoom.** Se você não possui os recursos para tornar mobile o seu site e não está usando design responsivo, deve pelo menos se assegurar de que o seu site não resista aos esforços para ser visualizado em dispositivo móvel. Poucas coisas são tão irritantes como abrir um site em seu smartphone e descobrir que você não pode dar o zoom naquele texto minúsculo. (OK, vamos combinar que existem coisas mais irritantes. Mas ainda assim...)
- **Não me deixe estacionado na porta da frente.** Outro real estorvo: você toca num link em um email ou rede social e, em vez de ser levado ao artigo em questão, é levado à home page, obrigando-o a procurar por conta própria.

"Server Attention Span" | xkcd.com

- **Sempre forneça um link para a versão "full" do site**. Não interessa o quanto o seu site mobile é completo e fabuloso, você precisa dar aos usuários a opção de visualizar a versão para desktop, especialmente se nela houver informações não disponíveis na versão mobile. (O convencional manda que se coloque um botão de alternância no rodapé de cada página.)

  Há muitas situações em que as pessoas irão querer dar o zoom em suas pequenas telas para visualizar melhor determinada coisa que as interesse. Da mesma forma, haverá os que visualizarão em tablets de 7", com telas de alta definição no modo paisagem.

Equilibre talento e recursos visuais

Recursos visuais são pistas que sugerem como podemos usar determinado objeto. Você se lembra das maçanetas e do livro de Don Norman? (Eu as mencionei no Capítulo 3. Ele popularizou o termo na primeira edição de *The Design of Everyday Things*, em 1988, e o mundo do design rapidamente o adotou.)

Recursos visuais são as partes principais da interface visual do usuário. Por exemplo, o estilo tridimensional de alguns botões torna claro que eles estão ali para ser clicados. O mesmo vale para a essência da informação: quanto mais claras as pistas, menos ambíguo é o sinal.

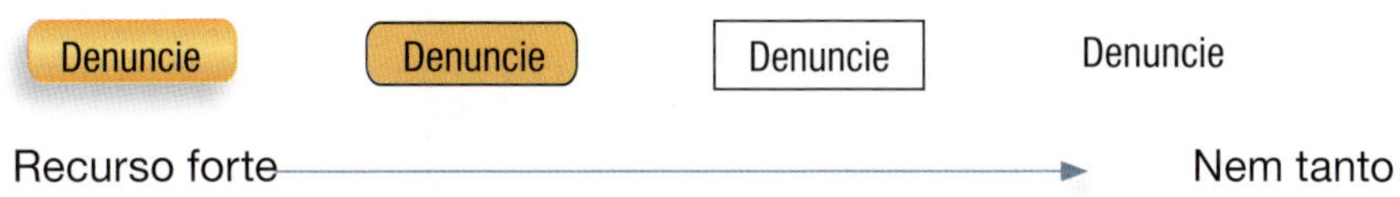

Da mesma maneira, um box retangular com contorno em volta sugere que você pode clicar nele e digitar alguma coisa. Se você tivesse essa caixa de texto editável sem contorno, o usuário ainda assim poderia clicar nela que ela apareceria. Mas o contorno torna a função mais clara.

Para que os recursos visuais funcionem, elas precisam ser visíveis, e algumas características de dispositivos móveis acabam tornando-as menos visíveis ou, o que é pior, invisíveis. E, por definição, pistas são a última coisa que você deve esconder.

Isso não quer dizer que todas elas precisam estar na sua cara. Basta que estejam visíveis o bastante para que as pessoas notem de quais necessitam para realizar suas tarefas.

Sem cursor = sem hover = sem vestígios

Antes de as telas touch surgirem, o design tinha de se valer de um recurso chamado hover — a habilidade de alguns elementos da página de mudarem de alguma maneira quando o usuário colocava o cursor em cima deles sem clicar.

Mas uma tela touch capacitive (usada na maioria dos dispositivos móveis) não pode sentir com precisão que um dedo está pairando sobre o vidro, exceto quando ele o toca. É por isso que não temos o cursor.[4]

Em consequência disso, muitos recursos que dependiam do hover não estão mais à disposição, como dicas de ferramentas, botões que mudam de forma ou cor para indicar que são clicáveis e menus que revelam seus conteúdos sem forçá-lo a tomar uma decisão.

Como designer, você precisa estar ciente de que esses elementos não existem para usuários mobile e tentar encontrar caminhos para substituí-los.

Flat design: amigo ou inimigo?

Pistas requerem distinções visuais. Mas recentemente, a tendência em design de interfaces (que já deve estar em curva descendente enquanto você lê isto) aponta para a direção oposta: removendo as distinções visuais e defendendo interfaces simples e claras.

---

4 *Você já tinha reparado que o cursor não existe mais? Eu tenho de admitir que levei meses usando o iPhone até notar que não havia mais cursor.*

Parece terrivelmente bom (para algumas pessoas), e pode tornar as telas menos atravancadas. Mas a que preço?

Neste caso, a dúvida é entre um visual limpo e desanuviado em uma mão e o fornecimento de informação visual o suficiente para que as pessoas percebam as pistas na outra.

Infelizmente, flat design tende a limar não somente a decoração potencialmente distrativa, mas também informações úteis provenientes de elementos texturizados.

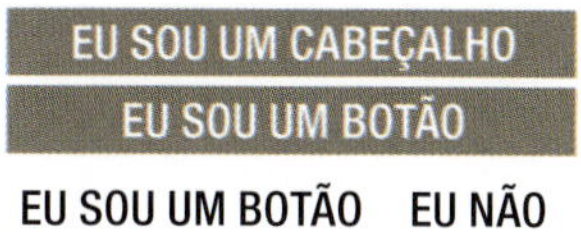

As distinções requiridas para chamar a atenção para uma affordance às vezes precisam ser multidimensionais: a posição de alguma coisa (como a barra de navegação) e sua formatação (tipografia invertida, Caps Lock etc.) que digam a você que é um item do menu.

Pela remoção de um número dessas distinções da paleta de design, o flat design dificulta a diferenciação das coisas.

O flat design tira o ar de dentro da sala, lembrando-me do mundo monocromático da minha tirinha favorita do *Calvin e Haroldo*. (O resto da tirinha está no final do Capítulo 13.)

Você pode usar de flat design o quanto quiser (talvez você tenha de fazê-lo, seja forçado a tal), mas assegure-se de usar todas as dimensões restantes para compensar o que perder.

Você pode ser ricaço ou magrelo

...mas computadores nunca poderão ser tão rápidos. Em particular nos dispositivos móveis, a velocidade só deixa as coisas ainda melhores. Lerdeza implica frustração para o usuário e perda de reputação para a empresa.

Por exemplo, eu elogio os alertas de notícias de última hora do aplicativo da AP (Associated Press), os quais sempre chegam na frente.

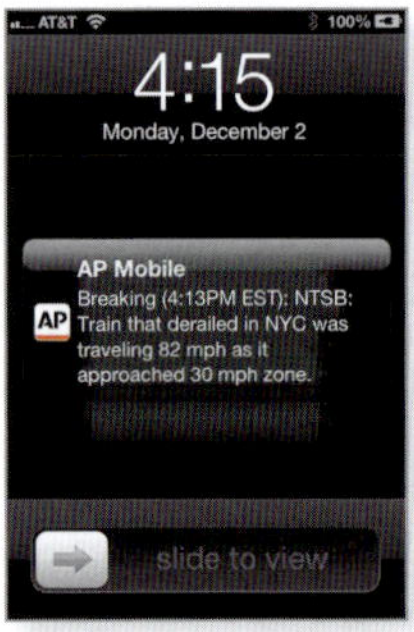

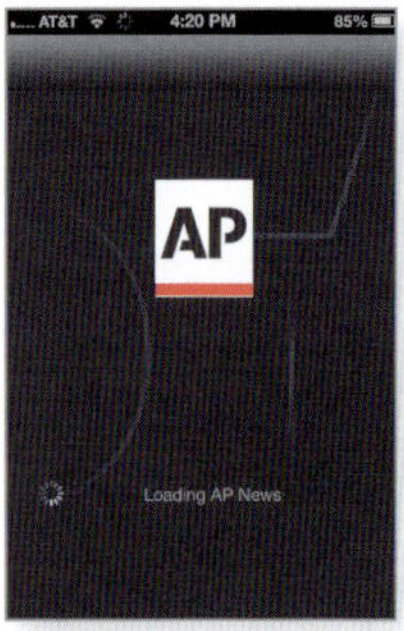

Infelizmente para a AP, porém, sempre que eu abro um deles, o aplicativo insiste em carregar um naco gigante de fotos para todas as outras notícias em destaque antes de me mostrar quaisquer detalhes sobre o alerta.

Como resultado, adquiri um novo hábito: quando um alerta da AP chega, eu abro imediatamente o site do *The New York Times* ou o Google News para ver se eles já publicaram a notícia também.

Estamos todos acostumados com conexões muito rápidas hoje em dia, mas é preciso lembrar que a velocidade de download em dispositivos móveis não é confiável. Em casa ou no Starbucks, as conexões provavelmente são boas, contudo, uma vez que o conforto do Wi-Fi é deixado para trás e o 4G, o 3G ou outro ainda pior entram em ação, a performance pode variar um bocado.

Tenha cuidado para que as suas soluções de design responsivo não carreguem páginas com linhas e linhas de códigos e imagens que sejam maiores que o necessário para a tela do usuário.

Aplicativos mobile, características de usabilidade

Você deve se lembrar de que na página 9 eu mencionei que falaria mais tarde sobre as características algumas vezes incluídas em definições de usabilidade. Bem, chegou a hora.

Individualmente, meu foco sempre esteve nos três que são fundamentais para a minha definição de usabilidade:

> Uma pessoa com conhecimento e experiência normais (ou mesmo abaixo da média) pode descobrir como usar a coisa [isto é, *aprendabilidade*] para realizar algo [*efetividade*] sem ter mais problemas do que o que valeria a pena [*eficiência*].

Eu não gasto muito tempo pensando se as coisas são convenientes porque isso para mim é mais uma questão de marketing, algo que deve ser estabelecido antes mesmo de o projeto começar, usando métodos como entrevistas, discussões de grupo e pesquisas. Se algo é desejável, parece questão de marketing também, e eu terei mais a dizer sobre esse assunto no capítulo final.

Agora, vamos falar sobre *agradabilidade, aprendabilidade* e *inesquecibilidade,* e como se aplicam a aplicativos mobile.

Agradabilidade é o novo preto

O que é "agradável", afinal de contas?

Agrado é um pouco difícil de definir; é mais um daqueles "Eu o entenderei quando senti-lo". Em vez de uma definição pronta, provavelmente seja mais fácil identificar algumas das palavras que as pessoas usam para descrever produtos agradáveis: divertido, surpreendente, impressionante, cativante, brilhante e até mesmo mágico.[5]

---

[5] *Minha máxima pessoal para um aplicativo agradável tende a ser "faz alguma coisa que o levaria a ser queimado na fogueira há algumas centenas de anos".*

Aplicativos agradáveis normalmente resultam do casamento de uma ideia acerca de algo que as pessoas realmente adorariam ter como fazer, mas não imaginam que seja possível, com uma ideia fresca sobre como usar novas tecnologias para executar o que pretendem.

SoundHound é um exemplo perfeito.

Não satisfeito em identificar a música que você está ouvindo onde quer que esteja, ele exibe a letra em sincronia com a música.

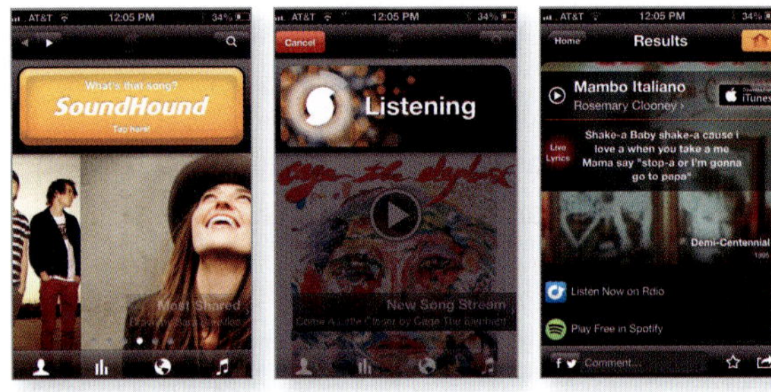

E Paper não é um aplicativo de desenho qualquer. Em vez de dezenas de ferramentas com milhares de opções, você só tem cinco que podem ser otimizadas para criar coisas realmente bacanas.

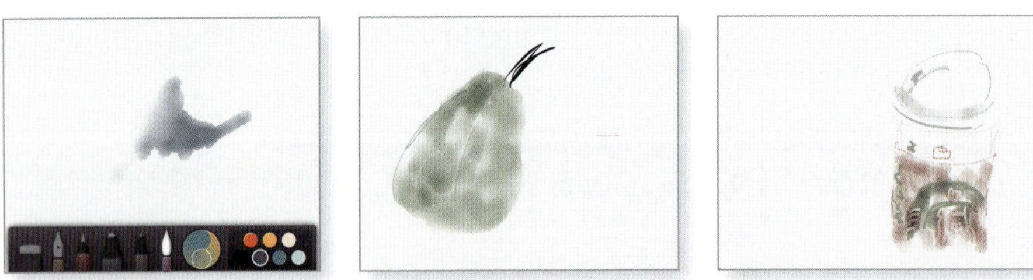

Agregar agradabilidade em aplicativos mobile se tornou incrivelmente importante devido à competitividade do mercado de aplicativos. Fazer algo simplesmente bom não basta para criar um hit; você tem de fazer algo incrível. Agradabilidade é meio que um acréscimo ao design centrado no usuário.

Tornar o seu aplicativo agradável é um objetivo legítimo. Só tome cuidado para não prestar atenção demais nisso e se esquecer de fazê-lo conveniente também.

É preciso que os aplicativos possam ser aprendidos

Um dos maiores problemas com aplicativos é que, se eles tiverem mais do que alguns poucos recursos, talvez não sejam muito fáceis de aprender.

Pegue o Clear, por exemplo. É um aplicativo usado para listar coisas, como tarefas a se fazer. É brilhante, inovador e divertido de usar, com uma interface limpa e minimalista. Todas as interações são elegantemente animadas, com efeitos sonoros sofisticados. Um resenhista disse: "É quase como jogar pinball, só que mantendo a produtividade".

No entanto, há um problema: para ser divertido de usar, o Clear é repleto de interações, posturas e navegação inovadoras, e, portanto, há muito o que ser aprendido.

Na maioria dos aplicativos, se houver instruções, normalmente não se estenderão por mais do que uma ou duas telas com dicas fundamentais sobre como ele funciona antes de você usá-lo pela primeira vez. Mas costuma ser difícil ou impossível encontrá-las novamente.

E se a ajuda existir (e você puder encontrá-la), é uma pequena página de texto ou um link para o desenvolvedor do site com nenhuma ajuda a ser encontrada ou uma página de suporte ao cliente que lhe forneça endereço de e-mail para onde você possa enviar as suas dúvidas.

Isso pode funcionar para aplicativos com poucas funções, mas, à medida que tentar criar algo com mais funcionalidades — e, particularmente, funções que não sigam as convenções ou diretrizes da interface —, não será o bastante.

As pessoas que criaram o Clear realmente elaboraram um bom trabalho de treinamento comparado à maioria dos aplicativos. A primeira vez que o utiliza,

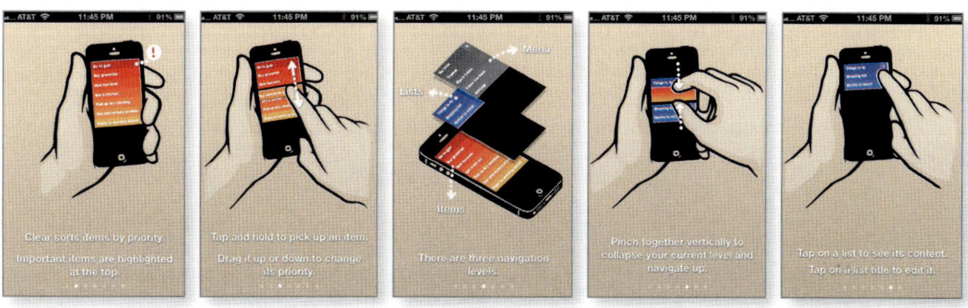

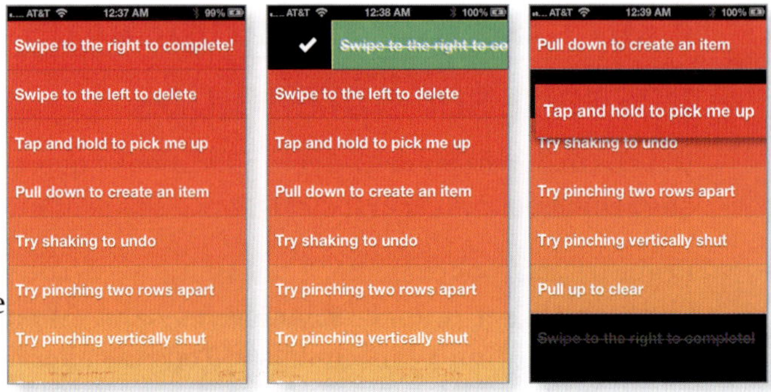

você é conduzido por dez páginas ilustradas apresentando os principais recursos.

Em seguida, vem um engenhoso tutorial que nada mais é que uma de suas listas.

Cada item na lista lhe diz para tentar algo, e, assim que você tiver feito tudo, terá usado praticamente todos os seus recursos.

Mas, quando o usei em testes de usabilidade demo em meus workshops, ele não se saiu muito bem.

Eu ofereci ao participante/voluntário a chance de aprender sobre o aplicativo por meio da leitura da descrição na app store, do tour rápido e das tentativas de ações no tutorial. Depois, eu lhes pedi que fizessem aquilo para o qual o aplicativo foi projetado: criar uma nova lista chamada "Viagem para Chicago" com três itens nela: reserva de hotel, aluguel de automóvel e escolha de voo.

Até agora, ninguém conseguiu.

Ainda que seja exibido na apresentação de slides no comecinho, as pessoas parecem não entender o conceito de que há níveis: o nível das listas, o nível dos itens na lista e o nível das instruções. E mesmo que se lembrassem do que viram, ainda não conseguiriam descobrir como navegar entre os níveis. Se você não consegue descobrir isso, não conseguirá chegar às telas de Ajuda. Xeque-mate.

Isso não quer dizer que nenhum ser vivo seja capaz de aprender a usá-lo. Ele recebe boas avaliações e é um best-seller. Mas imagino quantas pessoas que o compraram nunca o dominaram por completo, ou mesmo quanto mais ele venderia se fosse mais fácil de aprendê-lo.

E esta é uma companhia que investe bastante em treinamento e ajuda. A maioria não o faz.

Você precisa ser melhor do que a maioria, e testar a usabilidade o ajudará a descobrir como.

Aplicativos precisam ser inesquecíveis, também

Há mais um atributo importante: inesquecibilidade. Uma vez que você aprenda a usar um aplicativo, acabará se lembrando de como usá-lo da próxima vez ou terá de aprender tudo de novo desde o começo?

Eu não costumo falar muito sobre inesquecibilidade porque penso que a melhor maneira de facilitar as coisas é fazê-las incrivelmente *fáceis* e *claras* de se aprender. Se é fácil de aprender do zero, é fácil de aprender pela segunda vez.

Mas isso certamente é um problema grave em alguns aplicativos.

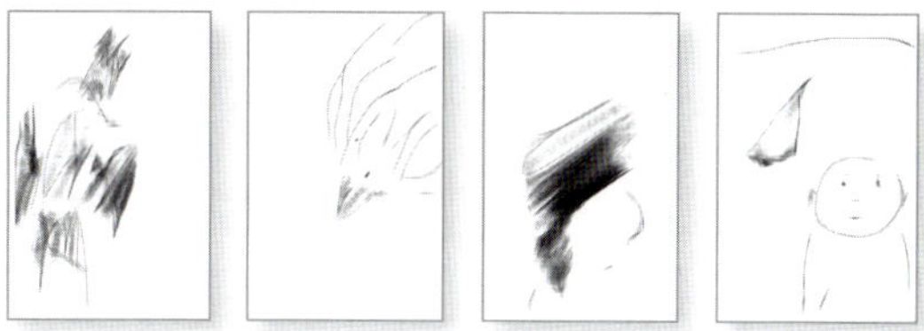

Um dos meus aplicativos de desenho favoritos é o Asketch. Eu o *amo* porque. independente do que você tente desenhar ou quão tosco você o faça, o resultado é sempre interessante.

Mas, por meses a fio, cada vez que eu o abria, era incapaz de lembrar como começar um novo desenho.

Na verdade, eu não conseguia me lembrar de nenhum dos comandos. Não havia qualquer ícone na tela para maximizar o espaço desenhável.

Tentei os suspeitos mais comuns: toque duplo, toque triplo, tocar no centro superior ou inferior da tela, pancadas fortes e toques com mais de um dedo, e finalmente consegui. Mas, da próxima vez, provavelmente terei esquecido todo o processo novamente.

Inesquecibilidade pode ser um fator decisivo a indicar se as pessoas adotarão o aplicativo para uso regular. Normalmente, quando você compra ou baixa um aplicativo, pretende gastar algum tempo dedicando-se a descobrir como usá-lo. Mas, se você tiver de gastar esse mesmo tempo toda próxima vez, a experiência se tornará insatisfatória. A menos que você esteja muito impressionado pelo que ele faz, há uma boa chance de que o abandone — que é o destino de muitos aplicativos.

Em dispositivos móveis, o preço de uma vida é 99 centavos.

Testes de usabilidade em dispositivos móveis

Realizar testes de usabilidade em dispositivos móveis é quase a mesma coisa já descrita no Capítulo 9.

Você ainda pedirá às pessoas que realizem tarefas e as observará tentando fazê-las. Você ainda lhes pedirá que pensem em voz alta à medida que trabalham. Você ainda precisará ficar de bico calado e guardar as perguntas para o final. E você ainda necessitará reunir o máximo de envolvidos no projeto para assistir aos testes pessoalmente.

Quase toda diferença não reside no processo em si, mas, sim, na logística.

A logística dos testes mobile

Quando você está testando em um PC, o arranjo é bem simples:

- O facilitador olha para a mesma tela que o participante.
- O software de compartilhamento de tela permite aos observadores ver o que está acontecendo.
- O software de gravação de tela cria um vídeo da sessão.

Mas, se você já tentou realizar testes em dispositivos móveis, sabe que o arranjo pode ser bastante complicado: câmeras, webcams, processadores de sinal, restrições físicas (bem, talvez nem tanto, exceto pelos marcadores "Não mova o dispositivo para além deste ponto" a fim de manter o participante no campo de visão da câmera), e mesmo coisas chamadas suportes articulados.

Aqui estão alguns dos problemas com que você terá de lidar:

- Você precisa deixar que os participantes usem seus próprios aparelhos?
- Eles precisam segurar o aparelho naturalmente, ou então podem sentar-se ou, ainda, devem se manter de pé?
- O que os observadores precisam ver (por exemplo, somente a tela, ou a tela e os dedos do participante para que vejam seus gestos)? E como você exibe isso na sala de observação?
- Como você faz uma gravação?

Uma das principais razões pelas quais testes mobile são complicados é que algumas das ferramentas que usamos nos testes em desktop não existem ainda para dispositivos móveis. Até agora, gravação de tela mobile robusta e aplicativos de compartilhamento de tela não estão disponíveis, muito por causa dos sistemas operacionais mobile tenderem à proibição de processamentos em segundo plano. E os dispositivos realmente não têm potência o suficiente para rodá-los.

Espero que isso mude o quanto antes. Com tantos sites e aplicativos mobile para testar, já existem muitas companhias tentando apresentar soluções.

Minhas recomendações

Até que tenhamos soluções melhores, eu me ampararia nisto:

- **Use uma câmera apontada para a tela em vez de espelhamento.** Espelhar é o mesmo que compartilhar tela: exibe o que está na tela. Você pode fazê-lo usando software (como o Airplay da Apple) ou hardware (usando o mesmo tipo de cabo que utiliza para tocar um vídeo do seu celular e tablet no monitor ou TV).

  Mas espelhamento não é uma boa maneira de assistir aos testes serem feitos em dispositivos touch screen, porque você não pode ver as movimentações e toques que o participante está fazendo. Assistir a um teste sem ver os dedos do participante é como assistir a um piano mecânico: é muito rápido e pode ser difícil de acompanhar. Ver a mão e a tela é muito mais envolvente.

  Se você irá capturar dedos, haverá uma câmera na jogada. (Algum software de espelhamento o mostrará pontos e traços na tela, mas não é a mesma coisa.)

- **Anexe a câmera ao dispositivo de modo que o usuário possa segurá-lo com naturalidade.** Em alguns arranjos, o dispositivo fica numa mesa ou carteira e não pode ser movido. Em outros, o participante pode segurá-lo, mas é orientado a mantê-lo dentro de uma determinada área. A única razão para restringir o movimento do dispositivo ocorre a fim de facilitar o trabalho da câmera e mantê-lo sob a lente.

  Se você anexar a câmera ao dispositivo, o participante poderá se mexer livremente que a tela continuará à vista e em foco.

- **Não se preocupe em ter uma câmera apontando para o usuário.** Eu não sou um grande fã dela. Alguns observadores gostam de ver o rosto do participante, mas realmente vejo isso como uma distração. Na verdade, prefiro que os observadores foquem no que está acontecendo na tela, e assim eles poderão sempre deduzir o que o usuário está sentindo apenas pelo tom de sua voz.

Adicionar uma segunda câmera inevitavelmente torna a configuração muito mais complicada, e não acho que valha a pena tamanha complexidade. Mas, é claro, se o seu chefe insistir, coloque.

Demonstração de conceito: Minha câmera Brundlefly[6]

Como resultado de curiosidade, construí a minha própria câmera combinando uma luminária portátil para leitura e uma webcam. O peso é quase nulo e captura áudio graças ao microfone embutido. O custo total foi de cerca de 30 dólares e levou uma hora para ficar pronta. Estou certo de que alguém fabricará algo parecido — só que muito melhor — em breve.

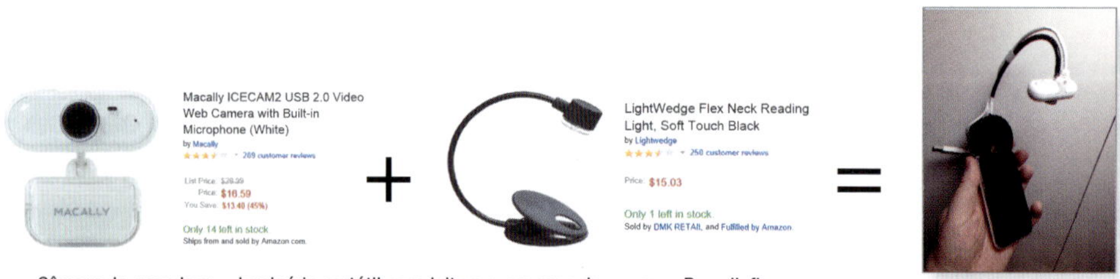

Câmera de peso leve + luminária portátil para leitura e pescoço de ganso = Brundlefly

Anexar a câmera ao dispositivo fornece um ângulo fácil de acompanhar. Os observadores obtêm uma vista privilegiada da tela, mesmo que o participante fique andando para lá e para cá.

Eu acho que também resolve outras questões relacionadas a câmeras:

- **Elas são pesadas e desajeitadas.** Esta aqui não pesa quase nada, e pouca é a diferença da sensação do telefone na mão.

---

6 *Brundlefly é a palavra que Seth Brundle, personagem de Jeff Goldblum em* A Mosca, *usa para descrever a si mesmo após o experimento na máquina de teletransporte mesclar o seu DNA com o de uma mosca doméstica.*

- **Elas são distrativas.** Esta é pequena (menor do que aparenta na foto) e posicionada fora do campo de visão do participante, que está focado no telefone.
- **Ninguém quer anexar nada aos seus telefones.** Ao contrário de outros acessórios que utilizam velcro ou fita dupla face, este aqui usa um grampo que não arranha ou estraga o aparelho e ainda o segura com firmeza.

  Uma limitação deste tipo de solução é que ela requer um cabo USB (longo, que não é muito caro) que ligue a câmera ao laptop.

O resto do arranjo é muito óbvio:

- Conecte a Brundlefly ao laptop do facilitador via USB.
- Abra algo como o AmCap (em um PC) ou o QuickTime Player (em um Mac) para exibir o que é visto pelo Brundlefly. O facilitador verá isto.
- Compartilhe a tela do laptop com os observadores usando compartilhamento de tela (GoToMeeting, WebEx etc.)
- Rode um gravador de tela (tipo o Camtasia) no computador da sala de observação, o que reduz os encargos do laptop do facilitador.

É isso.

Pra terminar...

De uma forma ou de outra, parece claro que o mundo vai girar em torno do mobile no futuro, fato que nos dá oportunidades enormes para criar grandes experiências para o usuário e também coisas convenientes. Portanto, novas tecnologias serão introduzidas a todo instante, algumas delas envolvendo mudanças drásticas na interação homem e máquina.[7]

Apenas se certifique de que a usabilidade não se perderá pelo caminho. E a melhor maneira de fazer isso é testando.

---

7 *Pessoalmente, acho que dialogar com o seu computador será uma das próximas novidades. Exatidão no reconhecimento já é algo formidável; nós só precisamos descobrir maneiras para que as pessoas possam falar com seus dispositivos sem olhar para eles, sondá-los e fazer papel de idiota. Alguém que está trabalhando seriamente em problemas deveria me dar uma ligada; venho usando software de reconhecimento de fala por 15 anos e tenho uma porção de ideias que ainda não foram postas em prática.*

capítulo

11

Usabilidade como obséquio

POR QUE O SEU SITE DEVE SER UM MENSCH[1]

---

[1] *Uma pessoa íntegra e honrada; alguém "exemplar"; que faz a coisa certa*

Sinceridade: esta é a parte difícil.
Se você conseguir fingi-la, o resto é fácil.

—VELHA PIADA SOBRE UM AGENTE DE HOLLYWOOD

Algum tempo atrás, eu tinha uma reserva num voo para Denver. Por acaso, a data do meu voo coincidia com o prazo final de um acordo entre a companhia aérea e um sindicato.

Preocupado, fiz o que qualquer um faria: (a) comecei verificando o Google News de hora em hora para ver se as partes haviam chegado a um acordo, e (b) acessei o site da companhia aérea para ver o que ela tinha a dizer sobre isso.

Fiquei de cara ao descobrir que, além de não haver nada a respeito de uma possível greve na homepage da companhia aérea, não havia uma palavra sequer sobre o assunto em qualquer outro lugar do site. Procurei, procurei, acessei as FAQ (perguntas frequentes). Nada de novo ou diferente. "Greve? Que greve?"

Agora, na manhã de uma potencial greve na companhia aérea, há somente uma pergunta e ela é feita por centenas de milhares de pessoas com reservas em voos para toda a próxima semana: o que vai acontecer comigo?

Eu poderia ter esperado encontrar uma seção nas FAQ inteiramente dedicada a isso:

Haverá mesmo uma greve?

Qual a situação atual das conversações?

Se houver uma greve, o que acontecerá?

Como poderei remarcar meu voo?

O que você fará para me ajudar?

Nada.

O que eu poderia concluir?

Ou (a) a companhia aérea não possuía um procedimento para atualizar sua home page em situações extraordinárias, ou, (b) por algum motivo legal ou de negócio, ela não queria admitir que poderia haver uma greve, ou (c) não ocorreu a ela que os passageiros poderiam estar interessadas ou, (d) para ela, tanto faz.

Independente de qual fosse o verdadeiro motivo, a companhia aérea realizou um ótimo trabalho ao esgotar a minha boa vontade com relação tanto à empresa em si quanto ao seu site. Sua marca — na qual centenas de milhões de dólares foram investidos — perdera parte do brilho para mim.

A maior parte deste livro é destinada a deixar as coisas claras em sites: assegurar-se de que os usuários consigam entender o que estão olhando — e como usá-lo — sem precisar de muito esforço. O site é claro para as pessoas? Elas o "entendem"?

Existe, porém, um outro componente importante na usabilidade: fazer a coisa certa — ser considerado pelo usuário. Além de "O meu site é claro?", você precisa também perguntar "O meu site age como um mensch?".

A reserva da boa vontade

Sempre achei útil imaginar que, cada vez que entramos em um site, começamos com uma determinada reserva de boa vontade. Cada problema que encontramos nele diminui o nível dessa reserva. Aqui, por exemplo, está a minha visita ao site da companhia aérea:

Entro no site.

Minha boa vontade está um pouco baixa porque não estou contente com o fato de as negociações entre a companhia aérea e o sindicato poderem trazer problemas para mim.

Dou uma olhada na home page.

Ela parece bem organizada, então relaxo um pouco. Estou confiante de que, se a informação estiver aqui, conseguirei encontrá-la.

Não há menção da greve na página inicial.

Não gosto do fato de ela não parecer mencionar nada de diferente.

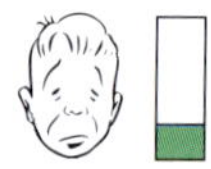

Há uma lista de cinco links para "News" na home page, mas nenhuma é relevante.

Clico no link dos press releases no rodapé da lista.

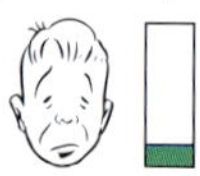

As notícias mais recentes já estão ultrapassadas

Vou para a página "About Us".

Nenhum link promissor, mas muita propaganda, o que é bastante irritante. Por que eles estão tentando vender mais passagens quando sequer tenho certeza de que vão me levar a Denver amanhã?

Procuro por "greve" e encontro duas notas para a imprensa sobre uma greve ocorrida no ano anterior e páginas na história corporativa sobre uma ocorrida na década de 1950.

Neste ponto, eu gostaria de ir embora.

Olho nas listas de FAQs e depois vou embora.

A reserva tem capacidade limitada e, se você tratar mal os usuários e esgotá-la, há uma boa chance de eles irem embora. Contudo, esse não é o único resultado negativo possível. Eles podem ficar propensos a não usar o seu site no futuro ou questionar a legitimidade da sua organização.

Há algumas informações que vale a pena notar a respeito dessa reserva:

- **Ela é idiossincrásica.** Algumas pessoas têm uma grande reserva, outras, uma pequena. Algumas pessoas são mais desconfiadas ou mais geniosas por natureza. Outras são, inerentemente, mais pacientes, crédulas ou otimistas. A questão é que você não pode contar com isso.

- **Ela é situacional.** Se eu estiver com muita pressa, ou vindo de uma experiência ruim em outro site, minha cota de boa vontade pode já estar baixa quando entrar no seu site, mesmo que minha reserva seja, naturalmente, grande.

- **Você pode reabastecê-la.** Mesmo que tenha cometido erros que diminuíram a minha boa vontade, você pode recarregá-la realizando algo que me faça sentir como se eu estivesse cuidando dos meus melhores interesses.

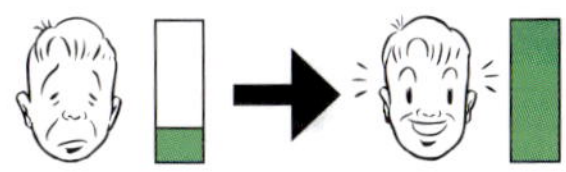

- **Às vezes, um único erro pode esvaziá-la.** Por exemplo, um formulário de inscrição com muitos campos a serem preenchidos pode ser suficiente para fazer com que a reserva de algumas pessoas chegue instantaneamente a zero.

Fatores que diminuem a boa vontade

Aqui estão alguns fatores que fazem com que os usuários achem que as pessoas por trás do site não se preocupam com os seus interesses:

Esconde-esconde. Os mais comuns são números de telefone de atendimento ao cliente, taxas de remessa e preços.

Esconder números de telefone é tentar evitar que os usuários liguem, porque cada chamada custa dinheiro. O efeito comum é diminuir a boa vontade e garantir que eles ficarão ainda mais irritados quando descobrirem o número e ligarem. Por outro lado, se o número gratuito estiver bem à vista — talvez até em todas as páginas —, saber de alguma forma que eles podem ligar se quiserem talvez muitas vezes seja o suficiente para mantê-los procurando pelas informações no site durante mais tempo, aumentando as chances de que resolverão o problema por conta própria.

Alguns sites escondem informações sobre os preços esperando levar os usuários tão longe no processo que eles se sintam parte dele quando levarem o "choque da etiqueta". Meu exemplo favorito são sites para acesso sem fio em locais públicos como aeroportos. Ao ver uma placa "Acesso sem fio disponível!" e saber que é gratuito em alguns aeroportos, você abre o seu laptop, encontra um sinal e tenta se conectar. Contudo, logo em seguida, você tem de examinar, ler e clicar por três páginas, seguindo links como "Acesso sem fio" e "Clique aqui para se conectar" antes de chegar à página que dê alguma dica do que isso poderia lhe custar. Parece a antiga tática de venda por telefone: se puderem mantê-lo na linha tempo o suficiente, talvez possam convencê-lo a comprar o produto.

Castigar-me por não fazer as coisas do seu jeito. Eu nunca deveria ter de pensar sobre formatação de dados: colocar ou não colocar pontos e hifens no meu número de Identidade ou CPF, espaços no número do meu cartão de crédito ou parênteses no meu número de telefone. Muitos sites insistem na não colocação de espaços nos números do cartão de crédito, quando, na verdade, eles facilitam muito na hora de colocar os números corretamente. Não me faça ter trabalho só para você não precisar escrever um pouco mais de código.

Solicitar informações pessoais de que você não precisa de verdade. A maioria dos usuários é muito cética sobre solicitações de informações pessoais e acha irritante se um site solicita mais do que o necessário.

Enganar-me. Estamos sempre de orelha em pé em relação à falta de sinceridade e tentativas de convencer os outros de que você se preocupa com eles podem ser especialmente irritantes. O que passa na sua cabeça cada vez que ouve “Sua ligação é muito importante para nós”?

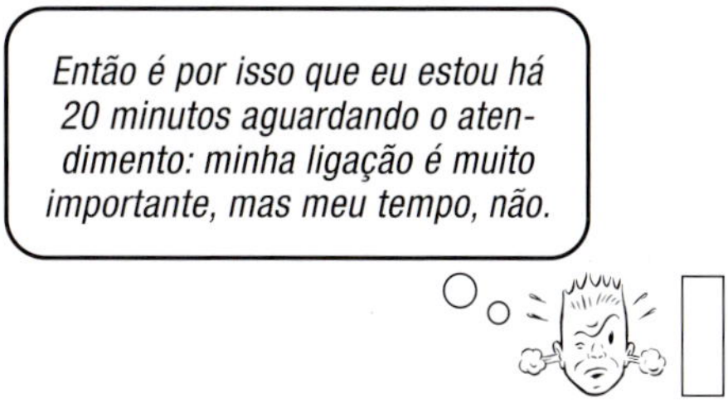

Pedras no meio do caminho. Ter de esperar por uma longa introdução em Flash ou passar com dificuldade por pesadas páginas repletas de marketing deixa claro que você não entende — ou não se importa com o fato de — que estou com pressa.

Amadorismo. Sites de aparência desorganizada ou não profissional, como se nenhum esforço tivesse sido empregado para torná-lo apresentável, diminuem a reserva de boa vontade.

Observe que, embora as pessoas adorem comentar sobre a aparência dos sites — especialmente sobre as suas cores —, quase ninguém sai de um site só por não gostar de sua aparência (eu digo às pessoas que ignorem todos os comentários já feitos a respeito de cores durante um teste de usuário, a menos que três ou mais usem uma palavra como “vômito” para descrever o esquema de cores. Aí sim vale a pena repensar.[2])

Haverá vezes em que você decidirá fazer com que o seu site realize algumas dessas coisas deliberadamente. Às vezes, faz sentido para o negócio não fazer exatamente o que o usuário quer. Por exemplo, pop-ups quase sempre irritam as pessoas. Contudo, se as suas estatísticas mostrarem que você pode obter 10% a mais de renda utilizando-os e não ligar por aborrecer os seus usuários, pode fazer isso. É uma decisão de negócio. Apenas se assegure de fazer isso de maneira instruída, e não inadvertidamente.

---

2 *Isto, de fato, aconteceu. Mudamos a cor do site logo em seguida.*

Coisas que aumentam a boa vontade

A boa notícia é que, mesmo que você cometa erros, é possível restaurar a boa vontade do usuário por meio de ações que o convençam de que seus interesses *são* levados em consideração. A maioria dessas coisas são apenas o oposto da outra lista:

- **Saber o que a maioria das pessoas busca no seu site e torná-las visíveis.** Geralmente, não é difícil saber o que as pessoas procuram ao acessar um determinado site. Até mesmo as pessoas que não concordam sobre tudo a respeito do site quase sempre me dão a mesma resposta quando pergunto a elas "Quais são as três principais coisas que os usuários querem fazer?". O problema é que facilitar isso nem sempre se torna a prioridade máxima que deveria ser (se a maioria das pessoas vier ao seu site para solicitar uma determinada informação, nada deveria impedi-las de tornar muito fácil a solicitação)

- **Responder às minhas perguntas.** Seja direto em coisas como taxas de remessa, valor do estacionamento, interrupção de serviços — qualquer coisa sobre a qual você preferiria não ser direto. Você pode perder pontos se as suas taxas de remessa forem mais altas do que gostaria, mas muitas vezes acabará ganhando pontos pela franqueza e por facilitar para mim o cálculo da diferença.

- **Fazer com que eu economize etapas no decorrer do processo.** Por exemplo, em vez de me fornecer o código para rastreamento da minha compra, coloque um link no recibo que receberei via e-mail, o qual redirecione para o site dos Correios)

- **Empenho.** Meu exemplo favorito é o site do suporte técnico da HP, no qual parece que uma enorme quantidade de trabalho foi feita (a) na geração da informação necessária para resolver os meus problemas, (b) para assegurar que a informação seja precisa e útil, (c) para apresentá-la com clareza e (d) para organizá-la de forma que eu encontre-a facilmente. Já tive muitas impressoras HP e, em quase todos os casos quando tive um problema, consegui resolvê-lo sozinho.

Saber a quais perguntas eu provavelmente terei de responder. As FAQ são muito valiosas, especialmente se

- Elas realmente forem FAQ, e não marketing disfarçado (também conhecido como QWWPWA[3]).
- Você as mantiver atualizadas. O Serviço de Atendimento ao Cliente e o Suporte Técnico podem, facilmente, fornecer a você uma lista das cinco perguntas mais frequentes da semana. Por mim, essa lista ficaria no topo da página de Suporte de qualquer site.
- Elas forem sinceras. Muitas vezes, as pessoas estão procurando nas FAQ a resposta a uma questão que você preferiria que elas não tivessem feito. Franqueza nessas situações melhora muito a boa vontade.

Facilitar a minha vida com coisas como páginas de impressão amigável. As pessoas adoram imprimir as coisas com um único clique, e o CSS torna relativamente fácil a criação de páginas de impressão amigável. Retire as propagandas (a possibilidade de um banner ter algum impacto na impressão é maior do que o espaço que ele ocupará no papel), mas preserve as ilustrações, fotos e figuras.

Facilitar a recuperação de erros. Se você realizar testes de usuário suficientes, conseguirá me poupar de muitos erros antes que eles aconteçam. Todavia, onde o potencial de erros for inevitável, sempre forneça uma maneira óbvia e elegante para eu me recuperar.

Na dúvida, peça desculpas. Às vezes, você não consegue evitar e simplesmente não tem a habilidade ou os recursos necessários para fazer o que o usuário quer (por exemplo, o sistema da biblioteca da sua universidade requer senhas separadas para cada um dos bancos de dados do seu catálogo, impedindo os usuários de possuir o login único de que gostariam). Se você não puder fazer o que eles querem, peça desculpas pelo inconveniente.

---

3 *Questions We* Wish *People Would Ask, ou Perguntas que Nós* Gostaríamos *que as Pessoas Fizessem.*

capítulo

12

Acessibilidade e você

QUANDO VOCÊ ACHA QUE TERMINOU, UM GATO PASSA CORRENDO COM UMA TORRADA COM MANTEIGA AMARRADA NAS COSTAS

Quando um gato é largado no alto, ele sempre cai de pé, e, quando a torrada é derrubada, ela sempre cai com o lado da manteiga para baixo. Proponho amarrar a torrada com manteiga nas costas do gato; os dois ficarão flutuando, girando centímetros acima do chão. Com uma matriz gigante de gatos amanteigados, um monotrilho de alta velocidade poderia facilmente ligar Nova York a Chicago.

—JOHN FRAZEE, NO *THE JOURNAL OF IRREPRODUCIBLE RESULTS*

Não é raro as pessoas me perguntarem: "E a acessibilidade? Ela não faz parte da usabilidade?".

E elas, naturalmente, têm razão. A menos que você decida que as pessoas portadoras de necessidades especiais não devam fazer parte do seu público, de fato não pode dizer que seu site é usável a menos que seja acessível.

Neste ponto, todas as pessoas envolvidas em projeto web conhecem pelo menos um pouco sobre acessibilidade. Ainda assim, quase todo site que visito não passa no meu teste de acessibilidade de três segundos — aumentar o tamanho da fonte.[1]

Mude o tamanho da fonte para "Grande"

Antes

Depois (nada mudou)

Por que isso ocorre?

---

[1] *Se você está prestes a me enviar um e-mail para me lembrar de que o Zoom substituiu o Tamanho da Fonte na maioria dos navegadores, obrigado, mas você pode poupar os seus dedos. Todo site se torna maior se você der o Zoom, mas somente sites que não possuem fontes de tamanho fixo (o que é um bom indicador de esforços em prol da acessibilidade) respondem ao Tamanho da Fonte.*

O que desenvolvedores e designers ouvem

Na maioria das organizações, as pessoas que acabam responsáveis por fazer alguma coisa a respeito da acessibilidade são aquelas que, de fato, criam as coisas: os designers e os desenvolvedores.

Quando tentarem aprender sobre o que devem fazer, qualquer bibliografia os levará a, inevitavelmente, listar o mesmo conjunto de razões pelas quais eles precisam tornar os seus sites acessíveis:

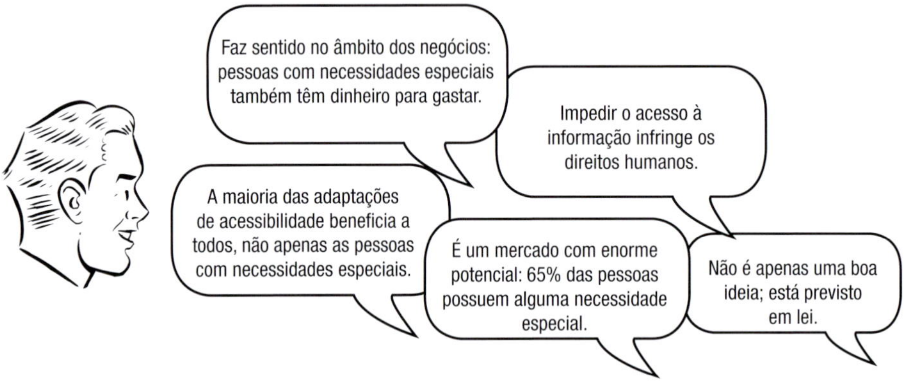

Muito disso aí é verdade. Infelizmente, também há muita coisa improvável para convencer desenvolvedores e designers na flor da idade de que eles deveriam estar "fazendo acessibilidade". Dois argumentos em especial tendem a torná-los céticos:

- **__% da população possui alguma necessidade especial.** Visto que o universo deles consiste de pessoas saudáveis, torna-se muito difícil para eles acreditar que uma grande fatia da população realmente precisa de ajuda para navegar pela web. Eles tendem a considerar isso o tipo de exagero comum a causas nobres, mas há também uma inclinação natural a pensarem "Se eu for capaz de encontrar uma brecha nos argumentos, estarei apto a permanecer cético em relação ao resto".
- **Tornar as coisas acessíveis beneficia a todos.** Eles sabem que algumas adaptações favorecem a todos, como as legendas em filmes. Todavia, por esse ser o único exemplo citado é como se alguém dissesse que o programa espacial valeu a pena porque nos deu o refresco em pó.

É muito mais fácil para os desenvolvedores e designers imaginarem casos em que as adaptações de acessibilidade tornem as coisas piores para "todas as outras pessoas".

O lado ruim desse ceticismo é que ele obscurece o único motivo realmente importante:

- **É o certo a se fazer.** E não é apenas isso: é verdadeiramente o certo a se fazer, porque o argumento que não é citado com frequência diz o quão incrivelmente melhor a acessibilidade torna as vidas das pessoas. Pessoalmente, não acho que alguém deva precisar de algo além deste exemplo: as pessoas com deficiência visual com acesso a um computador agora podem ler o jornal sozinhas. Imagine isso.

Quantas oportunidades temos de melhorar, radicalmente, a vida das pessoas apenas fazendo o nosso trabalho um pouco melhor?

E para aqueles que não acharem esse argumento atrativo, estejam cientes de que o homem da capa preta baterá à porta mais cedo ou mais tarde. Contem com isso.

O que designers e desenvolvedores temem

À medida que aprendemos sobre acessibilidade, dois medos tendem a surgir:

- **Mais trabalho.** Para os desenvolvedores em especial, a acessibilidade pode parecer apenas uma coisa nova e complicada à qual adaptar um cronograma impossível de projeto. No pior dos casos, ela é passada como uma "iniciativa" vinda de cima, completa com relatórios, exames e reuniões de forças-tarefa que consomem tempo.

- **Design comprometedor.** O que os projetistas mais temem é o que chamo de gatos amanteigados: situações em que designs bons para pessoas com necessidades especiais e designs bons para todas as outras pessoas estarão em direções opostas. Eles temem serem forçados a projetar sites menos úteis e atrativos para o grande público.

Em um mundo ideal, a acessibilidade funcionaria como uma placa que vi em um táxi em Chicago. A princípio, parecia uma placa comum. Todavia, algo na forma pela qual ela recebia a luz fez com que eu olhasse mais de perto e, quando o fiz, percebi o quanto era engenhosa.

A placa era revestida por uma pequena placa de acrílico com relevo em braile. Comumente, tanto a impressão quanto o Braille teriam a metade do tamanho, de modo que ambos poderiam ser fixados na placa, mas, com esse projeto, cada público teria a melhor experiência possível. Era uma solução elegante.

Acho que para alguns designers, contudo, a acessibilidade parece uma imagem como o conto de Kurt Vonnegut, no qual o governo produz igualdade tornando todos deficientes.[2]

[2] *Em "Harrison Bergeron", a personagem principal, cuja inteligência é "muito acima do normal", é obrigada por lei a usar um "rádio de deficiência mental" em seu ouvido, o qual emitia sons ensurdecedores a cada 20 segundos "para evitar que pessoas como George tirassem vantagem dos demais".*

A verdade é que isso *pode* ser complicado

Quando as pessoas começam a ler sobre acessibilidade, geralmente deparam com um conselho que soa muito promissor:

O[3] problema é que, quando submetem seus sites a um validador, este acaba funcionando mais como um verificador de gramática do que de ortografia. Sim, ele encontra alguns erros fáceis de consertar, como a falta de texto alternativo[4]. Porém, isso inevitavelmente resulta em uma série de avisos de que você *pode* estar fazendo algo errado, além de uma longa lista de recomendações de coisas para verificar, as quais ele admite que podem *não* ser problemas.

Isso pode ser muito desanimador para as pessoas que estão apenas aprendendo sobre acessibilidade, porque as longas listas e os conselhos ambíguos sugerem que ainda existe muita coisa a aprender.

E a verdade é que tornar um site acessível é muito mais difícil do que deveria ser.

Afinal, a maioria dos designers e desenvolvedores não se tornará especialista em acessibilidade. Se a acessibilidade na web se tornar onipresente, terá de ser mais fácil de implementar. Leitores de tela e outras tecnologias adaptativas têm de se tornar mais inteligentes; as ferramentas para a criação de sites (como o Dreamweaver) precisam tornar mais fácil a codificação correta para acessibilidade, e é necessário que o processo todo seja atualizado incluindo pensar em acessibilidade desde o início.

---

3 *Web Content Accessibility Guidelines, ou Diretrizes de Acessibilidade para o Conteúdo da Web.*

4 *Texto alternativo fornece a descrição textual de uma imagem ("Imagem de dois homens num barco," por exemplo), que é fundamental para pessoas que estejam navegando com imagens desligadas.*

As quatro coisas que você pode fazer agora

O fato de que este não é um mundo ideal no momento não nos deixa em maus lençóis, entretanto.

Mesmo com a tecnologia e os padrões atuais, é possível tornar qualquer site bastante acessível sem uma enorme quantidade de trabalho, enfocando-se algumas coisas que terão impacto maior, e elas não implicam chegar nem perto de um gato amanteigado.

Nº 1. Conserte os problemas de acessibilidade que confundem a todos

Uma das coisas mais irritantes no argumento do refresco em pó solúvel ("tornar sites acessíveis os deixa mais usáveis por todos") é que ele obscurece o fato de que o contrário também é uma verdade: Tornar os sites mais usáveis para "o resto de nós" é uma das formas mais eficazes de torná-los mais usáveis para pessoas com necessidades especiais.

Se algo confunde a maioria das pessoas que usa o seu site, é quase certo que confundirá os usuários que enfrentarem problemas de acessibilidade (eles não se tornam mais inteligentes de repente porque possuem uma necessidade especial). E é muito provável que tenham mais dificuldade para se recuperar da confusão.

Por exemplo, pense na última vez em que você teve dificuldade para usar um site (deparando com uma mensagem de erro confusa ao submeter um formulário, por exemplo). Agora, imagine tentar resolver esse problema sem conseguir ver a página.

O que de melhor você pode fazer para aperfeiçoar a acessibilidade do seu site é testá-lo com frequência, realizando ajustes contínuos nas partes que provoquem maior confusão em todos. Na verdade, se você não o fizer logo de cara, não importa o quanto você siga as diretrizes de acessibilidade, as pessoas com necessidades especiais ainda não poderão usá-lo.

Nº 2. Leia um artigo

Como espero que você já tenha visto, a melhor forma de aprender a tornar algo mais usável é observar as pessoas tentando usá-lo. Contudo, a maioria de nós não possui qualquer experiência no uso de tecnologia adaptativa, isto é, observar outras pessoas usando-a.

Se você tivesse tempo e motivação, eu lhe recomendaria, enfaticamente, recrutar um ou dois usuários portadores de deficiência visual e passar algumas horas observando como eles de fato usam o seu software de leitura de tela.

Felizmente, alguém já fez o trabalho por você. Mary Theofanos e Janice (Ginny) Redish observaram 16 usuários portadores de deficiência visual usando leitores de tela para executarem uma diversidade de tarefas em uma variedade de sites e relataram a experiência em um artigo intitulado "Guidelines for Accessible and Usable Web Sites: Observing Users Who Work with Screen Readers".[5] [6]

Assim como qualquer outro teste com usuários, este produziu conhecimentos inestimáveis. Eis aqui um pouco do que eles aprenderam:

> **Usuários de leitores de tela a examinam com seus ouvidos.** A maioria deles é tão impaciente quanto a maioria dos usuários que podem enxergar. Eles querem obter as informações de que precisam com a maior velocidade possível. Eles não escutam todas as palavras da página — da mesma forma que usuários que podem enxergar não leem todas elas. Eles "examinam com seus ouvidos" escutando apenas o suficiente para decidir se seguem em frente ou não. Muitos configuram a voz para falar incrivelmente rápido.
>
> Eles escutam as primeiras palavras de um link ou texto. Se não soar relevante, passam adiante com rapidez, seja para o próximo link, linha, cabeçalho ou parágrafo. O usuário que enxerga pode encontrar uma palavra-chave se examinar a página inteira; um usuário com deficiência visual pode não ouvir essa palavra-chave se ela não estiver no início de um link ou texto.

A minha recomendação é que você leia este artigo antes de qualquer outra coisa. Em 20 minutos, você obterá respostas que não se encontram em quaisquer outros artigos ou livros.

---

5 *Diretrizes para Sites Acessíveis e Usáveis: Observando Usuários Que Trabalham com Leitores de Tela*, em tradução livre.

6 *Publicado na revista Interactions (edição de novembro-dezembro de 2003) e disponível para leitura no redish.net/images/stories/PDF/InteractionsPaperAuthorsVer.pdf. (em inglês). Sim, ele já tem 10 anos, mas continua relevante.*

Nº 3. Leia um livro

Após ler o artigo de Mary e Ginny, dedique um fim de semana à leitura de um livro sobre acessibilidade na web. Os dois a seguir são particularmente bons:

- *A Web for Everyone: Designing Acessible User Experiences*, de Sarah Horton e Whitney Quesenbery. (Sua abordagem: "Bom UX é igual a boa acessibilidade. Aqui está como fazer ambos.")

- *Web Acessibility: Web Standards and Regulatory Compliance*, de Jim Thatcher. ("Aqui estão as leis e regras, e nós o ajudaremos a entender como atendê-las.")

Estes livros possuem grande abrangência, então não se preocupe em absorver tudo de uma só vez. Por enquanto, você precisa somente do básico.

Nº 4. Pegue as frutas mais fáceis do pé

Agora que você está pronto para fazer o que a maioria das pessoas entende por acessibilidade na web, implemente mudanças específicas em suas páginas.

Neste exato momento, estes provavelmente são os passos mais importantes a se fazer:

- **Adicione o texto alternativo apropriado a cada imagem.** Adicione um atributo alternativo (`<alt="">`) empty (ou "null") para imagens que os leitores de tela devam ignorar, e adicione descrições úteis para as demais.

Para aprender como escrever um bom texto alternativo — e, de fato, aprender como fazer muitas coisas desta lista —, acesse webaim.org. Os rapazes de lá escreveram excelentes artigos abordando os detalhes práticos de quase todas as técnicas de acessibilidade.

- **Use os títulos corretamente.** Os elementos de título do HTML padrão transportam informações úteis sobre a organização lógica do seu conteúdo para as pessoas que usam leitores de tela e facilitam sua navegação via teclado. Use `<h1>` para o título da página ou cabeçalho principal, `<h2>` para os títulos da seção principal, `<h3>` para subtítulos, e por aí vai, e então use o CSS para redefinir a aparência visual de cada nível.

- **Faça seus formulários funcionarem com leitores de tela.** Isso se resume a usar o elemento HTML `<label>` para associar os campos a seus prompts, de modo que as pessoas saibam o que devem digitar.
- **Crie um link “Skip to Main Content” no início de cada página.** Imagine ter de gastar 20 segundos (ou um minuto, ou dois) ouvindo a navegação global no topo de cada página antes de poder ver o conteúdo e você entenderá porque isso é importante.
- **Torne todo o conteúdo acessível pelo teclado.** Lembre-se de que nem todas as pessoas podem usar um mouse.
- **Crie um contraste significativo entre o seu texto e o plano de fundo.** Não use texto cinza claro num fundo cinza escuro, por exemplo.
- **Use um template acessível.** Se estiver usando o WordPress, por exemplo, assegure-se de que o tema escolhido tenha sido desenvolvido pensando em acessibilidade.

Por enquanto é só. Provavelmente você aprenderá a fazer mais e mais com o passar do tempo, mas, ainda que realize somente o que abordei aqui, você certamente terá começado com o pé direito.

Quando escrevi este capítulo sete anos atrás, ele era encerrado desta forma:

> Espero que em cinco anos eu possa, simplesmente, remover este capítulo e usar o espaço para algo diferente devido ao fato de diretrizes, leitores de tela, navegadores e ferramentas para desenvolvedores terem amadurecido e estarem integrados até o ponto onde as pessoas criem sites acessíveis sem pensar nisso.

[Suspiro]

Espero que tenhamos mais sorte na próxima vez.

capítulo

13

Guia para os perplexos[1]

FAZENDO A USABILIDADE ACONTECER ONDE VOCÊ VIVE

[1] O Guia para os Perplexos *(o original) é um comentário seminal sobre o talmude escrito no século XII pelo Rabino Moshe Ben Maimônides. Sempre tive em mente que esse é o melhor livro que já li.*

Eu sou o Lorax.
Eu falo pelas árvores.

—*O LORAX*, DR. SEUSS

Recebo uma porção de e-mails de pessoas perguntando algumas variações desta questão: [1]

> OK, entendi. Essa coisa de usabilidade é importante, e eu realmente quero pôr em prática. Como convencer o meu chefe — e o chefe dele — de que ele deveria levar os usuários a sério e me permitir dedicar algum tempo fazendo isso acontecer?

O que você *pode* fazer se estiver em um ambiente onde o seu desejo por usabilidade não é atendido?

Você tem de conhecer o território

Em primeiro lugar, algumas informações sobre como a usabilidade mudou de lugar no mundo.

No final dos anos 1990, Usabilidade e Design Centrado no Usuário (UCD) eram os termos mais usados para descrever as iniciativas de design que pensavam no usuário. E havia essencialmente dois "profissionais" focados em tornar os sites mais utilizáveis: Usabilidade (assegurando-se de que as coisas eram desenvolvidas de modo a permitir às pessoas as utilizarem com sucesso) e Arquitetura da Informação (assegurando-se de que o conteúdo estivesse organizado de tal forma que as pessoas encontrassem o que procuravam).

O termo que se ouve hoje em dia é User Experience Design, ou apenas User Experience (UXD ou UX, abreviadamente), e há talvez uma dúzia de especialidades envolvidas, como Design Interativo, Design de Interface, Design Visual e Gestão de Conteúdo — e, é claro, Usabilidade e Arquitetura da Informação — tudo sob o guarda-chuva da UX.

Uma diferença entre Design Centrado no Usuário e User Experience Design é o escopo. UCD foca no desenvolvimento do produto correto e em se assegurar de que ele é utilizável. UX reúne as necessidades dos usuários em todos os estágios do ciclo de vida do produtor, desde o momento em que passa o anúncio na TV até a compra e o rastreamento da entrega online, e até mesmo casos de devolução para a loja de origem.

A boa notícia é que há muito mais conscientização agora sobre a importância de focar no usuário. Steve Jobs (e Jonathan Ive) fez um irrefutável business case para UX, e como resultado a usabilidade é muito mais fácil de vender do que era há anos.

A má notícia é que onde a usabilidade costumava ser a portadora do design amigável ao usuário, agora há vários irmãos e irmãs à procura de lugares à mesa, cada um convencido de que seu kit de ferramentas é melhor do que o dos demais para o serviço. O pior disso tudo é que poucas são as pessoas que entendem a diferença entre especialidades e contribuições únicas passíveis de serem feitas.

Este é o campo no qual você está jogando. Então, quando alguém lhe disser "Estou em UX" ou "Usabilidade é tão 2002 — tudo agora é UX", sorria graciosamente e faça uma série de perguntas sobre como eles estão aprendendo sobre usuários, como estão testando se qualquer um pode usar o que eles estão construindo, e como obtêm chances de fazer acontecer. Se eles não fazem nada disso, precisam da sua ajuda. Se fazem, aprenda com eles. Não é como nos denominamos que importa, é a atitude que levamos e as técnicas com que podemos contribuir.

A habitual recomendação

Aqui estão duas sugestões que sempre ouvi para convencer a gerência a dar suporte (e bancar) o trabalho em usabilidade:

- **Demonstre o ROI (return on investment).** Nessa abordagem, você reúne e analisa dados que provem que a mudança em usabilidade que você realizou resultou em corte de despesas ou gerou receita adicional ("Mudar este botão aumentou as vendas em 0.25%."). Há um excelente livro sobre isso: *Cost-Justifying Usability*, de Randolph G. Bias e Deborah J. Mayhew.

- **Fale no idioma deles.** Em vez de falar a respeito dos benefícios para os usuários, aprenda quais são os problemas corporativos que mais irritam e descreva os seus esforços de maneira que fique claro que a solução está nas mãos deles: Fale sobre coisas como pain points, touch points, KPI (key performance indicator) e CSI (Computer Security Institute) ou qualquer jargão que seja tendência na sua organização.

Ambas são boas ideias e valem a pena serem postas em prática se você puder geri-las. Mas fazer um ROI atrelado a custos e receitas pode ser muito trabalhoso, e, a menos que esteja rigorosamente implementado, sempre haverá alguém para reivindicar que o valor agregado é consequência de alguma outra coisa. E aprender a falar "business" pode ser tão desafiador quanto. É por isso que existem os MBAs.

Se eu fosse você...

...eu não duraria nem uma semana no seu emprego. Toda vez que vou ao escritório de algum cliente, passo a maior parte do tempo abismado diante de como tanta gente consegue sobreviver no ambiente corporativo. Eu não nasci para lidar com políticas de escritório em larga escala (mais de duas pessoas) e participar de reuniões regularmente.

Entretanto, passo boa parte do tempo *visitando* escritórios e convencendo gestores a levar a usabilidade a sério. Então, eu já tenho noção das táticas que funcionam, e as pessoas que as testaram confirmam que já tiveram sucesso. Aqui está o que eu faria se fosse você:

- **Leve o seu chefe (ou o chefe dele) para assistir a um teste de usabilidade.** A tática que funciona melhor é pegar aqueles que estão no topo da cadeia alimentar para assistir a um mero teste de usabilidade. Diga que você está realizando testes e que seria bom para o moral da equipe de web uma bisbilhotada de alguns minutos que fosse.

  Minha vivência diz que os executivos se sentem tão fascinados que permanecem lá mais do que o esperado, pois é a primeira vez que assistem a alguém tentando usar o site da empresa, e isso normalmente não chega nem perto da beleza que eles imaginavam que seria.

  É importante levá-los pessoalmente. A diferença entre assistir a um teste e ouvir uma apresentação posterior a respeito dele é comparável à diferença entre ir a um jogo de futebol e ver os melhores momentos no noticiário. Jogos ao vivo permanecem na lembrança; o noticiário você esquece no dia seguinte.

Se não conseguir levá-los em pessoa, a melhor segunda opção é incluir alguns destaques dos testes nas suas apresentações. Se você não for realizar uma apresentação, poste um pequeno vídeo (menos de três minutos) na rede corporativa e envie um e-mail com o link e uma descrição intrigante. Mesmo executivos gostam de assistir a pequenos vídeos.

- **Faça o primeiro teste de maneira informal.** Ao realizá-lo, não peça permissão; apenas o faça da maneira mais simples e informal possível, e encontre voluntários a custo zero.

  Além disso, tente se assegurar de que há o que melhorar nos resultados. Escolha um alvo fácil para testar — algo que você saiba que tem pelo menos um problema sério de usabilidade que pode ser resolvido sem o envolvimento de muita gente —, como um botão que precise ser renomeado. Teste-o, conserte-o e torne isso público.

  Se você for capaz de encontrar um jeito simples de medir a melhora, faça-o. Por exemplo, você pode testar algo que venha gerando reclamações ao suporte e, logo após, mostrar como as reclamações diminuíram depois de você resolver o problema.

- **Faça o teste em caráter de competição.** Mencionei no Capítulo 9 que é uma boa ideia testar alguns sites concorrentes no início de qualquer projeto. Mas também é uma ótima maneira de gerar interesse pelos testes. Todo mundo ama aprender sobre competição e, por não ser o seu site em teste, não há algo pessoal em questão. É um ótimo evento para o meio do dia.

- **Demonstre empatia com a chefia.** Há alguns anos, na conferência anual da UXPA, olhei ao redor e pensei "Quanta gente bacana!". Depois comecei a entender: é claro que eles são bacanas. Empatia é um requisito profissional para a usabilidade funcionar. E se você tem interesse nisso, provavelmente é alguém empático. Recomendo que você aplique essa empatia aos seus chefes. Não no sentido de "como posso descobrir o que motiva essa gente de modo que eu obtenha deles o que gostaria", mas mais no sentido de "entender a posição na qual se encontram", tendo verdadeira empatia por eles. Você pode se surpreender com o resultado.

- **Saiba a sua posição no sistema.** Pessoalmente, na situação em que você se encontra, um pouco de humildade lhe cairia bem. A realidade é que no mundo dos negócios quase todo mundo corresponde a somente uma pequena peça na engrenagem.[2]

  Você quer que o seu entusiasmo com usabilidade contagie os outros, mas não funcionará se a sua atitude for a de uma espécie de portador da verdade — sobre usabilidade ou qualquer outro assunto — para as massas. Sua atribuição inicial deve ser compartilhar aquilo que sabe, e não dizer às pessoas como as coisas devem ser feitas.

Há dois livros que podem ajudá-lo.

O primeiro é o *It's Our Research: Getting Stakeholder Buy-in for User Experience Research Projects*, de Tomer Sharon. Tomer é Pesquisador de UX na Google e eu nunca o ouvi dizer algo que não fosse fatídico, conciso e aplicável.

Qualquer livro com seções do tipo "Torne-se a voz da razão" e "Aceite o fato de que isto pode não dar certo e siga em frente" é, obviamente, uma boa pedida.

Já *The User Experience Team of One: A Research and Design Survival Guide*, de Leah Buley, é escrito especialmente para as pessoas que são "a única pessoa na companhia que pratica (ou está em busca de praticar) design centrado no usuário" ou quem "trabalha regularmente com uma equipe na qual você é o único responsável por UX". Os capítulos 3 (Building Support for Your Work) e 4 (Growing Yourself and Your Career) são repletos de boas dicas e recursos úteis.

2 *Desculpe. Não leve para o lado pessoal. Faça um bom trabalho. Aproveite a sua vida. Seja feliz.*

Resista às forças do mal

Usabilidade é, em seu âmago, ser advogado do usuário: igual ao Lorax, você fala pelas árvores. Bem, pelos usuários, na verdade. Usabilidade tem a ver com prestar melhores serviços por meio da construção de melhores produtos.

Mas há uma tendência — que notei pela primeira vez há uns cinco anos — de pessoas[3] que tentam obter a ajuda de praticantes de usabilidade para descobrir como manipular os usuários em vez de atender às suas necessidades.[4]

Não vejo problema na ideia de pessoas pedindo a nossa ajuda para influenciar usuários.

Se você quiser saber como influenciar pessoas, leia o clássico de Robert B. Cialdini, *Influência — A Psicologia da Persuasão*. É um livro brilhante e eficiente, repleto de ideias que sobreviveram ao teste do tempo.

Ou leia qualquer livro de Susan Weinschenk sobre as valiosas lições que a pesquisa neuropsicológica pode nos ensinar a respeito de motivação e tomada de decisão.

Não tenho problema em ajudar a persuadir pessoas a fazerem coisas, também, desde que não se trate de algo enganoso. O protocolo do pensar em voz alta nos testes de usabilidade pode às vezes produzir descobertas valiosas em por que as tentativas de persuadir sucedem ou fracassam.

Mas eu fico ansioso sempre que ouço as pessoas falando sobre como os testes de usabilidade ajudam a determinar se algo é desejável, porque isso não é algo bom a ser medido. Você pode ter a impressão durante uma sessão de teste que o participante descubra algo desejável, mas não passa disso: uma impressão. Descobrir se algo é desejável é tarefa da pesquisa de mercado e a resposta mais adequada é obtida a partir de ferramentas e instrumentos próprios.

---

3 *Cof... marketing... cof...*

4 *Há um livro chamado* Evil by Design: Interaction Design to Lead Us into Temptation, *escrito por Chris Nodder, que explica como entender a fragilidade humana pode guiar decisões de design. Cada capítulo lida com um dos sete Pecados Capitais (Gula, Orgulho, Preguiça etc.).*

O verdadeiro problema é que essas pessoas não estão, de fato, pedindo a nossa ajuda para determinar se algo é desejável, ou mesmo para descobrir como tornar seus produtos *mais* desejáveis. Em vez disso, elas veem a usabilidade como uma maneira de lhes dizer como fazer com que as pessoas *pensem* que algo é desejável, em outras palavras, manipulando-as.

Às vezes, a manipulação é relativamente inofensiva, como ao manter escondida uma caixa de seleção selecionada para inscrevê-lo automaticamente em uma newsletter.

Às vezes, move-se de modo gradual para o lado negro da força, por exemplo, induzindo as pessoas a instalar uma barra de ferramentas indesejável no navegador[5], modificando seu mecanismo de busca padrão e configurações da página inicial. Todo mundo já passou por situação parecida.

Você clica num link para baixar algum software gratuito.

Uma janela com três links "Start Download" se abre.

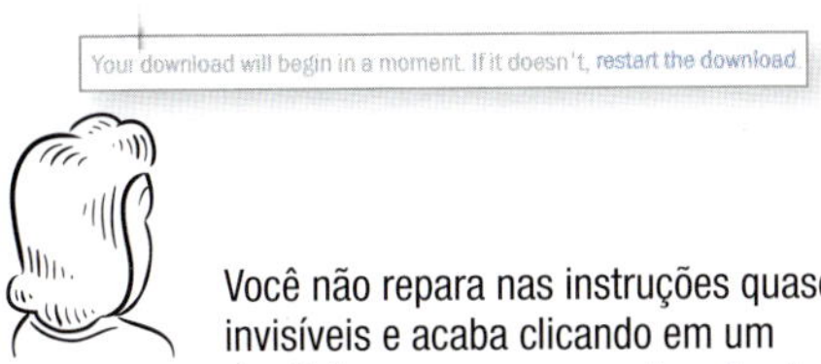

Você não repara nas instruções quase invisíveis e acaba clicando em um dos links para começar o download.

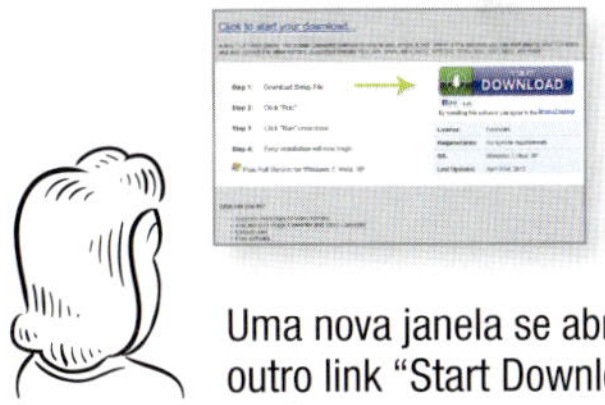

Uma nova janela se abre com outro link "Start Download", você clica e... acaba baixando um software indesejado.

Neste âmbito, entretanto, isso pode atravessar a linha em direção a práticas black hat, como phishing, scamming e roubo de identidade.

Apenas tenha consciência de que, se lhe pedirem para fazer coisas do tipo, isso não é parte do seu trabalho.

Os usuários contam com você.

---

5 *Cof... Yahoo... Cof...*

Algumas respostas definitivas

Antes de encerrar as atividades, um pequeno bônus para quem ainda está se sentindo deslocado.

Quase tudo neste livro é sobre como muitas das respostas às questões de usabilidade dependem do contexto e sobre a maioria das respostas ser "Depende".

Mas eu sei que todos amamos respostas definitivas, então aqui está uma pequena coletânea de ações que você deve sempre ou nunca fazer.

- **Não use fontes pequenas e sem contraste.** Você pode usar fontes grandes, de baixo contraste, ou pequenas (isto é, reduzidas) de alto contraste. Mas *nunca* use fontes pequenas e sem contraste. (E tente se manter longe das outras duas também.) A menos que você esteja desenvolvendo o seu próprio portfólio, e, realmente, não liga se as pessoas não puderem ler o que está escrito.

- **Não coloque etiquetas dentro de campos de formulário.** Sim, isso pode ser muito tentador, especialmente em apertadas telas de dispositivos móveis. Mas só faça isso se todas as seguintes afirmativas forem verdadeiras: o formulário é excepcionalmente simples, as etiquetas desaparecem quando você começa a digitar e reaparecem se você esvazia o campo, as etiquetas nunca podem ser confundidas com as respostas e não há possibilidade de submeter as etiquetas junto ao que você digita ("Job TiAssistant Managertle"). E você tem certeza de que está tudo completamente acessível.

  Se você não concorda, antes de me enviar um e-mail, procure por "Don't Put Labels Inside Text Boxes (Unless You're Luke W)" e leia.

- **Preserve a distinção entre links clicados e não clicados.** Por convenção, navegadores exibem links para páginas já visitadas em cores diferentes a fim de que você veja quais opções já tentou antes. Isso acaba sendo de grande utilidade, especialmente uma vez que o rastreio é na URL, não na maneira como o link está escrito. Então, se você clicou em Book a trip, quando vir Book a flight mais tarde, saberá que isso o levará para a mesma página.

  Você pode escolher as cores que quiser, desde que elas sejam completamente diferentes.

- **Não deixe cabeçalhos flutuando entre os parágrafos.** Cabeçalhos devem estar mais próximos do texto que os sucede que do que os precede. (Sim, eu sei que mencionei isso no Capítulo 3, mas é tão importante que vale a pena repetir.)

Por enquanto é só, pessoal.

Espero que você visite o meu site stevekrug.com de tempos em tempos e sinta-se à vontade para me escrever em stevekrug@gmail.com. Prometo que lerei a mensagem, mesmo que não encontre tempo para responder a ela.

Mas, acima de tudo, ânimo. Como disse anteriormente, construir um bom site ou aplicativo é um enorme desafio, e qualquer um que se proponha a tanto já possui o meu respeito.

E, por favor, não encare nada do que eu tenha dito como sendo contra quebrar "as regras". Eu sei que há sites em que você *quer* que a interface faça as pessoas pensarem, desafiando-as. Apenas certifique-se de saber quais regras você *está* quebrando e de ter, ao menos, um bom motivo para fazê-lo.

A propósito, aqui está a continuação do *Calvin e Haroldo*.

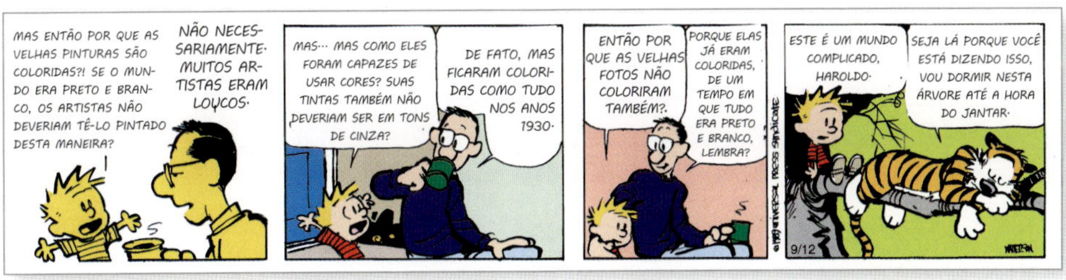

Agradecimentos

... E TUDO O QUE CONSEGUI FOI ESTA CAMISETA HORRÍVEL

...e a todos sem os quais este filme jamais poderia ter sido realizado.

—AGRADECIMENTO PADRÃO EM FILMES

[Insira alguma variação do "Uma andorinha só não faz verão" aqui.]

Mas é verdade. Eu não somente *não teria* feito isto sozinho — eu não teria querido fazer isto sozinho. Novamente, tive a sorte de ter ao meu redor as mesmas pessoas com as quais contei nas edições anteriores e em *Simplificando Coisas*.

Contei profundamente com a gentileza e boa vontade daqueles em relação à minha maneira de escrever.

Como sempre, minha relação peculiar com o tempo dificultou a vida de todos os envolvidos. (Você já ouviu a expressão "Se não fosse pelo último minuto, muitas coisas não teriam acontecido"?) Honestamente, é como se tivesse sempre alguém ali adiantando o meu relógio sempre que não estou olhando.

Obrigado — e desculpas — a

Elisabeth Bayle, que tem sido minha interlocutora, caixa de ressonância, amiga por muitos anos e — ainda que ela não admita — editora desta nova edição. Se você pensa em escrever um livro, meu conselho é que procure por alguém esperto, engraçado e que entenda do assunto tanto quanto você, e então convença esta pessoa a passar horas e horas ouvindo você falar, fazendo boas sugestões e editando o seu trabalho.

É justo dizer que este livro não teria acontecido sem a sua ajuda (até porque é verdade). Eu acho que sequer teria considerado fazê-lo caso não pudesse contar com ela no projeto. Agradeço também a **Elliott** por sempre conseguir renovar a alma após cada longo dia de trabalho ao meu lado.

Barbara Flanagan, preparadora de texto e velha amiga. Parafraseando uma velha anedota, a única vez que errou foi quando *pensou* que estava errada. Antes de escrever apontando algum erro, lembre-se que Barbara o fez muito antes, e então disse, "É o seu livro, a sua linguagem, a sua abordagem." Isso se chama generosidade.

Nancy Davis, editora-chefe da Peachpit, que saiu de trás da mesa para ser minha *consigliere* e defensora. Ela é uma dessas pessoas raras cujo elogio significa dez vezes mais do que o normal. Eu vou sentir muita falta de ter pretextos para bater papo com ela.

Nancy Ruenzel, **Lisa Brazieal**, **Romney Lange**, **Mimi Heft**, **Aren Straiger**, **Glenn Bisignani** e todos da Peachpit pelo suporte (às vezes torcendo o nariz, imagino).

Minhas revisoras – **Caroline Jarrett** e **Whitney Quesenbery** – que dedicaram parte de seu precioso tempo evitando que eu soasse bobo demais. Em tempos antigos, o nome que se daria para isto seria "companheiras de viagem". A gente pensa de maneira harmônica em muitas coisas e eu sou frívolo o bastante para gostar da companhia daqueles que concordam comigo. Mas que fique claro que incluí-las nesta lista não quer dizer que concordemos em absolutamente tudo que diz o livro.

Randall Munroe por sua generosidade quanto a reimpressão de seu trabalho, e por dar a meu filho e a mim muitos motivos para gargalhar no site xkcd.com.

Colegas divertidos e inteligentes como **Ginny Redish, Randolph Bias, Carol Barnum, Jennifer McGinn, Nicole Burden, Heather O'Neill, Bruno Figuereido** e **Luca Salvino**.

Pessoas que contribuíram com um tostão de seus conhecimentos, como **Hal Shubin, Joshua Porter, Wayne Pau, Jacqueline Ritacco** e a rapaziada do **Bayard Institute** em Copenhague.

Lou Rosenfeld pelo apoio moral, consultoria e por ser Lou.

Karen Whitehouse e **Roger Black**, os padrinhos espirituais do livro, que me botaram nesta "furada" quando me deram a oportunidade de escrever a primeira edição há 14 anos atrás.

A vasta **comunidade dos profissionais de usabilidade**, que tendem a ser pessoas das mais legais. Visite uma conferência e veja com seus próprios olhos.

Os amigáveis **funcionários do Starbucks de Putterham Circle**, que muitas vezes são as únicas pessoas que vejo durante o dia, tirando a minha esposa.

Meu filho, **Harry,** que está tirando título em RPI, cuja companhia eu valorizo mais do que ele imagina. Eu esgoto sua paciência regularmente pedindo explicações sobre a diferença entre memes e alegorias.

E, finalmente, **Melanie**, cujo único defeito é não ser supersticiosa e acabar dizendo coisas como "Bem, sobrevivi ao inverno sem ter pego uma só gripe." Tirando isso, eu sou um marido para lá de afortunado.

Se você quer ter uma boa vida, acerte na hora de casar.

Índice

G

H

I–K

L

M

N

O

P

R

S

T

U

V–Z

Este livro foi impresso nas oficinas gráficas da Editora Vozes Ltda.,
Rua Frei Luís, 100 – Petrópolis, RJ.